朝日新書
Asahi Shinsho 785

大阪から日本は変わる

中央集権打破への突破口

吉村洋文
松井一郎
上山信一

朝日新聞出版

はじめに――どん底から立ち上がるヒント

吉村洋文
松井一郎

「大阪維新の会」ができて、今年（２０２０年）でちょうど10年目です。ありがたいことに最近、「大阪は元気になった」「街がきれいになった」とよくお褒めの言葉をいただきます。

確かにこの10年で大阪は変わってきたと思います。市営地下鉄は料金を値下げし終電も延長して、２０１８年春には民営化されました。大阪府立大と大阪市立大も経営統合を経て東京都立大を上回る国内最大の公立大学になりました。ブルーテントが並んでいた天王寺公園はきれいな芝生の広場に変わり、子どもたちが歓声をあげています。寂しかった大阪城公園は海外からの観光客でにぎわっています。外国人観光客が増えたのは橋下徹さんの時代に頑張った伊丹空港（大阪国際空港）の民営化と関西国際空港との統合による成果が大きい。そして街では2025年の万博に向けた準備が始まっています。

10年前、大阪はどん底の状態でした。失業率が高く、生活保護の受給者が年々増加。ひったくりなどの犯罪が頻発し子どもたちの学力も低かった。一方、大阪府も大阪市も深刻な財政難で手をこまねいていました。そんな大阪を何とかしようと2010年に松井一郎（当時府議会議員）は橋下氏（当時知事）や浅田均氏（当時府議、現参議院議員）らと「大阪維新の会」を立ち上げました。翌11年の春、「大阪維新の会」は府議会で過半数の議席をいただきました。そして真っ先に府議会の議席を109から88へ（2割）削減する「身を切る改革」から始めました。また、大阪府の橋下改革（08〜11年）では各種団体への補助金を見直し、教育投資など現役世代の支援にお金を振り向けました。

しかし、ここ数十年の大阪の停滞の大きな原因は、大阪府と大阪市の二重行政、つまり政令指定都市の大阪市が豊富な財源と権限のもとで府と同じような事業を行う仕組みにあります。そこで「大阪維新の会」は府と市を統合・再編する「大阪都構想」を掲げました。そして、その実現には法律が必要なので、私たちは国政政党（日本維新の会）を立ち上げ、与野党それぞれにお願いして新法制定にこぎつけました。その後、数々の紆余曲折を経て、なかば奇跡のようなかたちで2015年5月、大阪市民に「大阪都構想」の是非を問う住民投票が実施できました。

しかし、結果は否決。ギリギリのところでご理解いただけませんでした。それから今日までの5年間、引退した橋下氏に代わって吉村洋文が大阪市長（のちに知事）となり、松井・吉村体制で今日まで改革を進めて来ました。

「バーチャル大阪都」体制というのですが、大阪では新型コロナ対策など大阪全体にかかわることは知事・市長が相談して一つの司令塔の下で取り組んでいます。また、府と市に分かれて非効率だった公衆衛生研究所や中小企業支援の団体などを次々と統合しました。また府と市が力を合わせ、万博の誘致にも成功しました。

しかし、いまの「バーチャル大阪都」は知事と市長の人間関係による一時的なものでしかありません。大阪都構想を本当の制度にするために私たちは今年11月、再び住民投票に挑戦する予定です。新型コロナウイルスで油断ができない日々が続きます。しかし、そんな先が見えない時代だからこそ将来を見据えた大阪都構想が必要なのです。

子どもの頃から私たちは親に「大阪は東京や京都とは違う。ぼーっとしてたら食べて行かれへんよ」といわれて来ました。「大阪維新の会」はそんな厳しい現実を切り拓こうとお金も組織もないところから立ち上げました。この本はその10年間の軌跡を振り返り、今後への展望をまとめたものです。

大阪だけではありません。これからの日本は各地がそれぞれの地域の強みを活かして自立していかなければなりません。国の方針に沿ってやっていればなんとかなる時代はもう終わったのです。本書のタイトルの「大阪から日本は変わる」というのは、じつは「大阪が変わると（全国各地も変わり、そして）日本全体も変わる」という願いを込めたものです。大阪もまだ道半ばですが、全国のみなさんもそれぞれの地域で、みんなのために、そして未来の子どもたちのために、一緒に頑張りましょう。

2020年8月15日

大阪から日本は変わる

中央集権打破への突破口

目次

第3章　都構想とは何か、なぜ必要なのか？　111

第4章　維新改革の12年を振り返る——プロセスとその成果　141

＊本文中の統計データ等は原則として大阪府・大阪市及び副首都推進本部会議の資料に基づいて記載しました。

図版／師田吉郎

序　章　「ワン大阪」でコロナ禍に挑む！

国や他の都道府県に先駆けて「対策本部」を設置

「間違いなく大阪に入ってくる」

２０２０年1月、中国・武漢市の病院は大勢の患者であふれ、医療従事者の感染者が増え続け、ベッドも人手も足りない野戦病院のような状態――。そんな緊迫した新型コロナウイルスの感染拡大のニュースが連日報じられる中で、大阪府知事の吉村洋文と大阪市長の松井一郎は強い危機意識、いや恐怖心を抱いていました。

1月15日には日本で初めて、武漢に滞在していた神奈川県在住の30代男性の感染が明らかにされていました。当初、厚生労働省は「ＷＨＯ（世界保健機関）や国立感染症研究所のリスク評価によると、現時点ではヒトからヒトに次々に感染する明らかな証拠はない」などと発表。「中国と日本の衛生状況は違うから大丈夫だろう」といった見方をする専門家もいました。

1月23日に武漢が都市封鎖され、政府のチャーター便で在留邦人が帰国しました。けれども日本全体の雰囲気としては、まだ対岸の火事。今日のような危機感は共有されていなかったと思います。

しかし2月1日にはWHOが「国際的に懸念される公衆衛生上の緊急事態」の宣言をします。それを受けて政府は入国拒否（対象は、湖北省に2週間以内に滞在歴のある外国人と、湖北省発行の中国旅券を所持する外国人）を始めました。ちょうど中国の旧正月休み・春節（2020年は1月24日〜1月30日）が過ぎたタイミングでした。

そして2月3日には、感染疑いの7人を乗せた大型クルーズ船「ダイヤモンド・プリンセス」が乗員・乗客約3700人を乗せて横浜に入港しました。同5日から「14日間の隔離」が行われたものの、船内で感染が広がっていきました。さらに、東京の屋形船や北海道のイベント会場、和歌山県・湯浅町の病院での院内感染、名古屋市や千葉市のスポーツクラブなど、全国各地でクラスター（小規模な感染集団）が発生し、国内の感染者が増え始めます。この頃から日本全体の危機意識が高まり始めました。

しかし、吉村・松井は当初から新型コロナは「必ず大阪にも来る」と危機感を募らせていたのです。

関西国際空港には武漢との直行便が運航していました。1月末までの当初の日本政府の方針は「人の往来を止めない」というものでした。熱の有無など問診によるチェックは行うが、できるだけ出入国は制限しない。WHOも「国際的に懸念される公衆衛生上の緊急事態には該当しない、冷静さを保つように」などと呼びかけていました。

しかし大阪には、アジア諸国から観光などの目的で年間1200万人近くのインバウンド（訪日外国人客）が来ています。そしてその半数近くが中国からです。感染発生を警戒するのは当然のことでしょう。

なので1月24日、まだ大阪には感染者（陽性者）が一人もいない段階でしたが、吉村・松井は国や他の都道府県に先駆けて「大阪府新型コロナウイルス対策本部」を設置しました。松井と吉村は「感染症は大阪市内に留まらない。広域行政を担う大阪府が司令塔になるべきだ」、「大阪府と大阪市はバラバラに対応せず情報は大阪府に集め、府主導で対策に取り組もう。大阪市はオブザーバーとして出席する」と二人で決めました。そして府知事の吉村を本部長とする第1回の対策本部会議を開いたわけです。

具体的には、まず府民向けの電話相談窓口を設けました。また、府と市が共同設置する大阪健康安全基盤研究所などでの検査体制の整備を始めました。最初に決めた大きな施策は、関空で中国からの入国者に対して、外国人・日本人を問わず、注意喚起のビラとマスク10万枚を配ることでした。1月31日の第3回の対策本部会議で決定し、航空会社の協力を得て実施しました。

以後、府・市主催のイベント中止・延期、幼稚園・小学校・中学校の臨時休業（大阪市）など、大阪府は国の判断を待たずに「先手、先手」で、独自の対策を次々に実行していきました。

もっともその頃は、吉村も松井も今日のようなウィズコロナの生活様式――つまり感染症対策と経済活動・社会生活の両立といった方向性までは考えることができませんでした。そもそも専門家でも新型コロナウイルスがどんなウイルスなのか、どれだけ危ないのかもわからないという状況でした。ただ、武漢は都市封鎖までしているのです。大阪府市としてはかなり危険なものだろうという「最悪シナリオ」を念頭に置いた対応をすべきと考えました。

判断しづらい面はあったものの、「とにかく大阪の中で絶対に広がらないようにする」という強い決意が二人にはありました。そのためにはとにかく早い段階で「先手、先手」の対応をしようと決めていました。

すべての対策は「リスク・コミュニケーション」から始まる

1月29日、大阪で初めて40代の女性バスガイドの方の感染が確認されました。吉村は

「正確な情報をお伝えすることがみなさんの冷静な判断・行動につながっていく。不安を生まないため、情報開示が必要」と判断します。そして大阪府は40代女性の行動歴の一部を独自に公表しました。厚労省は、この方が濃厚接触者から感染したということやプライバシーへの配慮などから、情報開示には消極的でした。しかし吉村は「国は公開しなさすぎ。情報は国民のものだ」などと問題提起。賛否両論を交え、全国的な話題になりました。

本人のプライバシーと感染拡大防止の双方の観点から、大阪府は結局、感染者がマスクをつけていたかどうかで情報公開の範囲を場合分けする「マスク基準」というのをつくりました。当時、テレビで専門家に「マスクをつけているかどうかで場合分けをするなんてバカげている」と一蹴され、スタジオ内で笑われもした基準です。

しかし、大阪府はマスク基準を貫きました。いまでは1メートル以内の距離でマスクをつけていたかどうかが国の濃厚接触者の判断基準の一つにも使われるようになり、世界でもその有効性が広まっています。テレビに出る専門家の発言もいい加減なものだと思います。

「未知のウイルスだから、情報公開を徹底していこう」というのは、吉村・松井の当初からの方針でした。徹底的に情報を公開する。それが府民一人一人の適切な行動につながると考えていたからです。一方、当時の国は感染者の住んでいる都道府県と性別、年齢くらいしか公表しません。それに対して大阪府は、「大阪城に行っていた」「道頓堀に行っていた」など、感染者が立ち寄った場所を公表しました。

大阪府では、対策本部会議の様子も設置した当初からフルオープン（会議の様子を報道関係者に全面公開、府のホームページでの全議事録の公開など）でした。府民に対して、なるべく情報は公開し、状況を共有するというスタンスを明らかにしていました。災害や感染症に際しては「リスク・コミュニケーション」が大切です。これは、発生したリスクについては関係者間で広く情報を共有化し合う、さらに対話や意見交換を通じて意思疎通をしていくという考え方です。それによって全体の感度が上がり、各自が気をつけるようになります。また、相互に信頼し合って助け合うようになる効果があります。大阪府市のコロナ対策は当初からこの「リスク・コミュニケーション」を心がけました。いや、真っ当な「リスク・コミュニケーション」なしにはこの未知のウイルスとは戦えないと考えたのです。

さて先手の中身、対策ですが、大阪府では、2月中に不特定多数が集まる府の屋内集客施設の原則休館などを行いました。また大阪市は2月29日から、国に先駆けて幼稚園・小学校・中学校の臨時閉鎖、さらに府は「新型コロナ受診相談センター（帰国者・接触者相談センター）」の設置、他の地域では行っていなかったダイヤモンド・プリンセスの下船者の健康観察（14日間）、職員の時差勤務の拡大、中小企業・小規模事業者相談窓口の設置、「新型コロナウイルス感染症対応緊急資金」の創設などを行いました。

このように吉村・松井の危機感は当初から高かったのですが、さらに2月29日には、大阪市・京橋のライブハウスでの集団感染が明らかになりました。

27日に感染が確認された大阪府の40代男性に加え、札幌市が25日に確認した40代男性、高知市が29日に確認した30代女性の3人が、いずれも大阪市・京橋のライブハウスで2月15日に行われたライブに参加していたとわかったのです。

この時も吉村・松井は情報公開を徹底しました。このライブハウスには当日約100人の観客がいました。さらなる感染拡大を防ぐには、そこにいた人に感染しているかもしれないというリスクを知らせ用心してもらう。あるいは検査を受けてもらうと、本人もまわりの人々も助かるのです。店名を公表したほうがいいのは明らかでした。しかしライブハウスは公的な組織ではないし、店の名前がオープンになると風評被害も受けかねない。

そこで大阪府はリスク・マネジメントの考え方や公表の意義をライブハウスに丁寧に説

明しました。するとお店側には風評被害があり得ることも承知の上で、店名を公表することへの了解がいただけました。その結果、心あたりのある方に注意を呼びかけ、また追跡調査も徹底的に行うことができました。また、150人を超える人たちにPCR検査を実施することができたのです。

最終的には当日のライブ参加者のうち83人、濃厚接触者から22人の感染が判明しました。同じ場所でこれだけ多くの人が同時に感染していたのです。吉村・松井はこの未知の感染症の脅威をあらためて感じました。

検査を受けなかった参加者もおられたかもしれません。しかし、他の人との接触はやめておこうという「抑止効果」は働いたはずです。もしこのライブハウスの名前をオープンにしなければ、もっと広範囲の多くの地域に感染が広がってしまったかもしれません。

2月にこの店を含む大阪の計4店舗のライブハウスで発生したクラスターは、幸いにも3月19日に「終息宣言」を出すことができました。北海道が独自に出していた緊急事態宣言もこの日、解除されました。そこで吉村・松井は、3月20日から始まる三連休を前に「自粛のやりすぎはいけない。健康を守るのは大前提だが、やはり社会・経済のほうも動かさなければいけない」と考え始めていました。

ところが同じ日に、吉村・松井は新型コロナによる医療崩壊すら予想させる衝撃的な予告を「非公開文書」のかたちで目にすることになるのです。

大阪・兵庫の往来自粛と「非公開文書」公開

3月19日午前、吉村・松井が目にしたのは「大阪府・兵庫県における緊急対策の提案(案)」と題された厚労省の非公開文書。そこにはこう記されていました。

「(両府県の全域で)見えないクラスター連鎖が増加しつつあり、感染の急激な増加が既に始まっていると考えられる」

文書の試算によれば、4月3日までに患者数は「3374人(うち重篤者227人)」に到達し、「重症者への医療提供が難しくなる可能性あり」とのこと。当時の両府県の感染者は約200人でした。あっと言う間にその15倍にも膨れ上がるという警告です。さらに、「兵庫県では一人が生み出す二次感染者数の平均値が1を超えている」と記されていました。つまり、兵庫県ではすでに感染が拡大しているというのです。

そして太文字で、「今後3週間」の「大阪府・兵庫県内外の不要不急な往来の自粛を呼びかける」と提案されていました。

吉村が「こんな重要な情報は表に出すべきじゃないか」と大阪府の担当職員に質《ただ》すと、「非公開文書として国から提供のあったものです」と否定的な返事です。「でも、出すべきだ」。吉村がそう思っていたところに、松井から連絡が入りました。

「吉村、見たか？　あれは公開すべきじゃないか？」

「そう思います。しかも、明日から三連休です。阪神間の行き来は必ず増えます。府民、県民のみなさんにこの情報は伝えるべきです」とすぐ返答。

二人は即座に、大阪・兵庫の往来自粛の要請と厚労省の文書の公開を決めます。ただ、担当部局の職員に相談すれば、否定的な返事が返ってくることは目に見えている。兵庫県や国への根回しの時間もない。結局、松井が夕方、記者団の囲み取材時に「厚労省から不要不急の往来を控えるよう文書で提案があった。吉村知事が発表する」などと話し、その後、吉村が囲み取材で、正式な往来の自粛要請を行うというかたちでの発表になりました。

文書そのものの公表については、吉村が厚労省に「責任は僕らで取りますから」と伝えました。しかし、「ちょっと待ってくれ」と。協議を経て、「厚労省クラスター班の専門家である北海道大学の西浦博教授が作成した資料と明示すればかまわない」となりました。

それを受けて、翌3月20日、この資料は府の対策本部会議で公表されました。吉村はその旨をツイッターでも発信しました。

吉村・松井は、「非公開」という国の意向よりも、府民・県民に公表してリスクを伝えることを優先しました。公表すると、厚労省との関係がぎくしゃくするのではないかなどという懸念はわかります。しかし、厚労省も国民の命を守ることは最優先に考えていたし、この文書を提供した担当者も強い使命感を持っていました。結局、この文書を公開した後も、大阪府市と厚労省の協力関係にはまったく何の支障も生じることはありませんでした。

コロナ問題は法律問題

しかし、この往来自粛要請を出すにあたっては別の葛藤がありました。それは、当時の解釈では法律に明確に基づいたものではなかったということ。法治国家は「デュー・プロセス」（法に基づく適正な手続き）を重視します。その意味からは決して理想的なやり方ではなかったのです。

国では3月13日に「改正新型インフルエンザ等対策特別措置法」（特措法）が成立していました。これによると、知事が住民に移動の自粛を要請するためには、国が「緊急事態宣言」の対象地域に指定することが前提となります。しかし、大阪を含む七つの都府県に緊急事態宣言が出されたのは、今回の往来自粛を呼びかける3月の三連休よりもずっと後の4月7日のことでした。

それでも吉村・松井が往来自粛をお願いしたのは、府民と県民の命を守るために、ここは政治家が法の枠を超えてでも決断すべきだと判断したからです。そして吉村・松井には、その目的と理由のもとでならどのような批判でも甘んじて受けようという覚悟がありました。

ただ、特措法自体には欠陥が多いと考えていました。国と自治体間の権限と責任の定めがあまりにも曖昧なのです。たとえば法律には、国の「基本的対処方針」を守れと書いてある。しかし、知事の権限との関係は不明瞭です。

休業要請も知事が行うはずなのに国が頭越しで通達を出してきたりする。小池百合子都知事も「社長と思ったら、中間管理職だった」などと国を批判しました。まったくそのとおりだと思います。

国は緊急事態宣言を出すだけで、住民に対する具体的な対策は知事が取れというのでは、誰が最終責任者なのかわかりません。判断は知事に任せ、フォローアップ体制を国が支援する仕組みのほうがよいのではないでしょうか。

また、休業補償や罰則の規定も特措法で明確に定めるべきでしょう。

さて、国は遅ればせながら3月26日にようやく、特措法に基づく政府対策本部を設置しました。その3日後の29日には、大阪府の感染者は計208人にものぼっていました。この頃から吉村は、「国は瀬戸際という認識であれば、緊急事態宣言を出すべきだ。このタイミングを逃せば手に負えなくなる」などと切迫した発言を繰り返すようになります。

そして4月7日、やっと国の緊急事態宣言が出ました。ついに大阪府も特措法第45条に基づく「協力要請」、同第24条に基づく「都道府県対策本部長の権限」によって、外出自粛の要請やイベント開催自粛の要請など、新型コロナウイルスの蔓延防止に向けた本格的な対策が実施できるようになりました。

全国初の新型コロナ専門病院、仮設ICU、ワクチン治験

これまで述べてきたとおり新型コロナウイルス対策では、大阪府は「先手、先手の対策」を取ってきたのですが、さらに3月13日には医療崩壊を防ぐため、全国に先駆けて「大阪府入院フォローアップセンター」を設置しました。これは、感染者の症状などに応じて入院先を「感染症指定病院」「一般の病院」「宿泊施設や自宅待機」などに振り分ける

司令塔組織です。当時の大阪の感染者数はまだ92人でしたが、その後の患者数の急増に備え、大阪市の職員も応援に入るかたちで既存の医療資源の全体最適化を一元的に担うチームをつくったのです。

また病床数を確保するため、5月1日から大阪市立十三市民病院を全国初の新型コロナ中等症患者の専門病院として稼働させました。7月1日には、重症者を受け入れる臨時医療施設「大阪コロナ重症センター」の設営も発表しました。これは2年間の期間限定で、仮設のプレハブ建物にベッドや人工呼吸器などを整備して、集中治療室（ICU）に活用できる約60床を確保します。これも全国初です。さらに大阪府は5月29日から「大阪コロナ追跡システム」をスタートさせました。これは不特定多数の人が集まる施設やイベント会場でQRコードを用意する。そこに登録した人のもとには感染者が発生したとわかった場合、スマホに注意喚起のメールが届くというものです。

さて府市の協力だけではコロナとは戦えません。主役はもちろん府民市民、そして医療機関。さらに救急隊や保健所や民間の宿泊施設の協力を得てみんなが連携することが重要です。さらに各市町村、飲食店、ライブハウス、商店、交通機関、企業、そして開業医も協力する、いわば「オール大阪」の協力体制が不可欠です。

今回のコロナ禍では、こうした「オール大阪」での協力の大切さがさまざまな場面で明らかになりました。たとえば、4月に松井が市民に呼びかけた医療機関への「雨がっぱ」の寄付の運動です。

感染が拡大し始めると、医療用マスクや手袋、防護服といった医療装備品が不足する問題が世界中で深刻化しました。

じつは日本の病院は、もともと医療装備品の在庫をあまり持っていません。隣の中国が世界有数の生産拠点で、定期的に短時間で輸入できるからです。しかし今回は、あっという間に各病院が医療装備品を入手できなくなりました。供給源の中国がまず自国のために確保しました。加えて世界中で需要が急増しました。特にアメリカで感染が急拡大した3月下旬からは、ほとんど入手できない状態が続きました。治療にあたる医療従事者の感染が抑えられないと、まさに医療は崩壊します。吉村も松井もたいへん危惧しました。

4月14日、大阪府・大阪市・大阪大学・大阪市立大学・大阪府立病院機構・大阪市民病院機構が集まって、新型コロナのワクチン開発に取り組む協定を結ぶ会議がありました。その席上、松井は「いま医療現場で一番困っていることは何ですか」と聞きました。すると「医療装備品が足りない。大学病院でもゴミ袋をかぶって治療する状況だ」という返事です。海外で雨がっぱを使っている事例があるので、「防護服の代わりになりますか」と確かめると、「非常に助かります」という答え。他の病院に問い合わせても、防護服がかなり足りないとわかりました。

そこで松井はその日のうちに、記者会見で「もしご家庭に新品の雨がっぱがあれば、ぜひ寄付してください」というメッセージを出しました。そうしたらすごい。その後の4日間で府民から、さらに全国各地からも府内の医療機関で必要な量の1カ月分にもあたる30万枚を超える寄付の申し出がありました。

みなさんからの温かいご協力は雨がっぱだけではありません。4月27日に府が創設した「新型コロナウイルス助け合い基金」にも、7月22日までに2万3200件超、総額で29億円超の寄付の申し込みがありました。この基金は新型コロナに関する医療や療養に従事する方々を支援するためのもので、この基金から医師や看護師に20万円、検査担当者やホテル従業員に10万円の応援金を支給しています。

こうした寄付は、「何とかコロナを抑えよう」「医療従事者を守ろう」というみなさんの思いが一つになってかたちに表れたもので、非常にありがたく感じました。

先ほど少し触れたワクチン開発の府市・大学・病院機構の連携も、「オール大阪」によるコロナ対策の取り組みです。これについては6月30日から製薬会社アンジェスを交えた、国内初となる新型コロナのワクチン（DNAワクチン）の治験が始まっています。

先に述べた入院フォローアップセンターが典型的ですが、感染症対策においてはまずは府と市が協力して問題に取り組む「ワン大阪」の体制が不可欠です。そして府と市が「ワン大阪」で協力し合うと、府民市民も企業のみなさんも大阪のために協力し合う機運ができてきます。今回のコロナ対策を機に自治体と府民市民、そして医療機関や企業などの絆が強まったように思います。まず大阪府と大阪市の自治体二つが「ワン大阪」になり、さらに府内のみんなが「オール大阪」で協力し合う。今回のそんな機運をいろいろな分野で活かしたいものです。そのためには府と市が対立し合う状態に戻してはなりません。やはり「都構想」を実現する必要があると、吉村も松井もあらためて実感したのです。

全国初の数値基準「大阪モデル」

4月7日に出された緊急事態宣言は当初、5月6日に解除される予定でした。しかし、政府は5月4日になって5月31日までの期限延長を発表します。

吉村はその日の夜のニュース番組で、「国から明確な数値基準による出口戦略が示されなかったのは少し残念だ。出口のないトンネルを走り続けろというのは無責任。最後に決めるのは感染症の専門家ではない。政治家の役割だと思う」などと指摘し、大阪府は独自の数値基準を示すことを表明。そして翌5日、全国初となる休業要請や外出自粛要請の解除基準「大阪モデル」を発表しました。また記者会見では「国が具体的な基準を示さず、単に延長するのは無責任だ。具体的な指標を全国に示してもらいたい」とコメントしました。

こうした吉村の発言に対し、新型コロナ対策担当の西村康稔《やすとし》経済再生相は記者会見で「言い方が違う」などと不快感を示しました。ツイッターでも「休業の要請・解除は知事の裁量。解除する基準は当然ご自身の説明責任。また都道府県の裁量・権限の拡大を主張しながら、自身の休業要請の解除の基準を国が示してくれというのは矛盾。仕組みを勘違いしているのではないか。緊急事態の解除の基準は国の責任。近く明確に示す方針」と反論を投稿し、一時、全国的な話題になりました。

これに対して吉村はすぐに謝罪。ツイッターに「西村大臣、仰るとおり、休業要請の解除は知事権限です。休業要請の解除基準を国に示して欲しいという思いも意図もありません。ただ、緊急事態宣言（基本的対処方針含む）が全ての土台なので、延長するなら出口戦略も示して頂きたかったという思いです。今後は発信を気をつけます。ご迷惑おかけしました」と投稿しました。

一連のやり取りについて、松井は記者会見で、自身が西村経済再生相とは旧知の仲であることにも触れ、「吉村知事にちょっとやきもち焼くとかじゃなくて、冷静にいろいろ対応してもらったらいい」などとコメントしました。

さて、5月8日から運用を開始した「大阪モデル」は、A「休業要請や外出の自粛要請の基準」とB「その解除の基準」に分かれていました。前者は①新規陽性者における感染経路（リンク）不明者の前週増加比1以上、②新規陽性者におけるリンク不明者5～10人以上、③確定診断検査における陽性率7％以上という、いずれも7日間の移動平均で見る三つのモニタリング指標です。後者は、❶新規陽性者におけるリンク不明者10人未満、❷確定診断検査における陽性率7％未満、❸患者受入重症病床使用率60％未満という、三つの指標です。

この指標に応じた警戒レベルは、Aの休業自粛などの要請の基準については、①・②・③のうち、一つまたは二つに該当したら「注意喚起」（5月23日から①を除外）、①・②・③のすべてに該当したら「警戒中」としました。Bの解除の基準のほうは、❶・❷・❸のうち、一つまたは二つがまだ該当していたら「警戒中」、❶・❷・❸のすべてを満たして1〜7日のうちは「解除へのカウントダウン」、❶・❷・❸のすべてを満たして7日間経過したら「解除」としました。

また、現在どの警戒レベルにあるかを府民にわかりやすく伝えるために各レベルを信号の色のように、赤（警戒中）・黄（注意喚起または解除へのカウントダウン）・緑（解除）で表すことにしました。具体的には府のホームページ上にその日の状況を示す数値を色付きで載せます。加えて、大阪モデルの発表時に「大阪城天守閣、太陽の塔、通天閣をライトアップして府民がひと目で危険度をわかるようにする」というアイデアを示しました。しかしこの時は、まだ各施設の管理者等には何の打診もしていませんでした。なのでこの段階での示唆は「むちゃぶり」で、関係者は戸惑われたかもしれません。

結局、大阪城のライトアップは予算が足りずに実現しませんでした。それでも太陽の塔と通天閣、そしてその後にご協力の申し出をいただいた岸和田城の計3カ所で、5月11日からライトアップを始めることができました。ライトアップは黄色（解除へのカウントダウン）でスタートしましたが、5月14日以降はずうっと緑色のままで、6月30日にはいったんその役目を終えたと判断して、消灯しました。

通天閣ライトアップは「信頼」の証し

吉村は国が4月に緊急事態宣言を出した頃から、休業・自粛要請には明確な出口戦略がないと感染抑止と経済の両立は難しいと考えていました。だから予め独自の「大阪モデル」をつくり、数値基準を示すことを重視しました。

休業や自粛の要請などはその始まりと終わり、つまり入り口・出口の基準を数値で「見える化」すべきです。そうしないと政治家のさじ加減ひとつで物事が決まるブラックボックスになってしまいます。ブラックボックスとは、政治家が予め何の判断基準も示さずに「危ない、危ない」とだけ言って休業・自粛要請をする。そしてその解除も同様に政治家が判断するやりくりをいいます。このやり方では国民や府民の側からすると、いったい何が危ないのか、大丈夫なのかわかりません。

だから、事前に「こういう場合は危ない」という明確な数値基準を示しておく。それをみんなで共有した上で、政治家は「この数値にならないように頑張りましょう」とか「数値が悪化した。申し訳ないけれども休業、自粛して下さい」などと呼びかけていく。これがまさに正しい「リスク・コミュニケーション」です。そして、それが地域の団結力につながり、個々人も感染症を抑えるために主体的に行動するようになるのです。

ちなみに、わかりやすく伝えるためには「赤・黄・緑」という信号の色を使うというライトアップのアイデアには先例がありました。

東日本大震災の原発事故の後に、関西電力がホームページ上で電力の過不足を笑顔(緑)、普通の顔(黄)、しかめ顔(赤)の3色で示していたのです。それも参考に吉村は信号の3色で行こうと決めたのです。

要するに、「大阪モデル」と数値基準の見える化というのは「情報公開」と同じ発想なのです。できるだけ情報は開示する。しかもわかりやすく伝える。そのもとには府民とリスクを共有するという価値観がある。それが地域の住民の命と財産を守る政治や行政にとって不可欠な「リスク・コミュニケーション」だと考えるのです。

従来型の行政の担当者は「みだりに情報を出したら一部で混乱が起こるかもしれない」と心配します。しかし吉村は情報を出したほうが安心につながるし、府民のみなさんの適切な行動につながると確信していました。住民が自ら判断する力を信じる。そのためには十分な情報を出す。維新の政治スタイルはこの10年、こういった情報公開重視の哲学で貫かれているのです。

もちろん現場の保健師さんなど実務家の間には、「何でも情報公開されてしまうとわかると、感染者が情報を提供してくれなくなる」といった懸念がありました。これには一理あり悩んだところですが、最後は「府民のみなさんを信じる」ということで決断したのです。

第2波に備えて「大阪モデル」を修正

大阪府は国に先駆けて、5月16日から「大阪モデル」に基づく休業要請を段階的に解除し始めました。

吉村も松井も、「少しほっとできる」と安堵すると同時に、今後に向けて「第2波に備えなければならない」という新たな危機感を抱いていました。第2波が来た時に、また同じように社会・経済活動を全部止めていたら、大阪全体が成り立たなくなります。感染拡大の防止と社会・経済活動の維持をどう両立させたらいいのか。

そこで吉村は第2波に備える戦略を考えるために、まず第1波の教訓を「検証」することにしました。第1波で繰り出したさまざまな対策についてどういう効果があったのか、どこまでが本当に必要だったのか。感染者の発生が落ち着いているいまのうちに検証しておこうと考えました。その知見をもとに第2波では、社会・経済活動のダメージを最小限に抑えつつ効果的な感染症対策を進めるのです。

そんな問題意識のもと、大阪府は6月12日、第1波の検証のための専門家会議（第2回）を開きました。オブザーバーには、「K値モデル」で知られる大阪大学核物理研究センター教授の中野貴志氏と、「100分の1作戦」を提唱している京都大学ウイルス・再生医科学研究所准教授の宮沢孝幸氏にも入ってもらいました。お二人とも国の専門家会議の西浦先生のお考えを尊重しつつも批判的な見方をあえて提示されていました。吉村は未知のウイルスに関しては賛否両論の多様な意見を聞いてみるべきだと考えていました。

西浦先生のご尽力はすばらしい。しかし国の専門家会議はクローズで、いったいどういう議論が行われたのか詳細がよくわかりません。しかも西浦モデルに対する検証や批判的な意見が公の場では語られない。西浦氏の献身的なご活躍ぶりには感銘を受けつつも、そうした国の政治と行政の仕事の進め方はおかしいとも思っていたのです。

もちろん大阪府は、中野先生や宮沢先生のご意見を公開の場で聞いたからといってそれを全面的に取り入れるわけではありません。専門家にはいろいろな考え方があって当然です。それは自由に発言してもらえばいい。その上で、政治・行政が最後に判断をする。この手順こそが重要だと考えるのです。

なおこの専門家会議では、「大阪では、緊急事態宣言前の3月28日をピークに感染の減少が始まっていた」とも報告され、また、K値モデルという感染収束の予測モデルはかなり実態に即しているという感触が得られました。

大阪府はその後、さらに専門家会議を開いたのち、7月3日に大阪モデルの数値の修正を決めました。そしてその日から「修正・大阪モデル」の運用を始めました。新しい数値基準は、①新規陽性者における感染経路（リンク）不明者の前週増加比2以上、②新規陽性者におけるリンク不明者10人以上、③7日間合計新規陽性者数（うち後半3日間）120人以上かつ後半3日間で半数以上、④患者受入重症病床使用率70％以上（黄色の信号が点灯した日から起算して25日以内）というものに変わりました。信号の色の意味も黄は「警戒」、赤は「非常事態」に変えました。あわせて、赤信号（非常事態）でも府立学校の一斉休校を求めない、休業要請は限定するといったことも発表しました。

「社会・経済活動の維持と感染症対策の両立」を目指すという意味では、大阪府は7月から飲食店などに「感染防止宣言ステッカー」を発行しています。対策を取ってステッカーを出しているお店にはそのまま営業してもらい、感染拡大時には対策を取らないお店に休業を要請するという方針を打ち出しています。

ただ残念ながら7月12日、「修正・大阪モデル」に基づいて、大阪の警戒レベルは緑色から黄色（警戒）になりました。通天閣、太陽の塔、岸和田城も再び黄色にライトアップされています。新型コロナウイルスとの戦い、いや共存することの難しさをあらためて痛感しているところです。

「府市一体」で迅速対応が可能に

先ほども少し触れましたが、これまで紹介した「先手、先手」の新型コロナ対策が大阪で実行できてきた最大の要因は、当初の段階から「大阪府と大阪市で情報を一元化する」「大阪府が司令塔になり、大阪市も協力する」というワン大阪の方針を吉村・松井のツートップで即決したことです。

かつての大阪府と大阪市なら、たとえ一つの「コロナ対策本部」をつくったとしても、実質的な司令塔は知事と市長の二つに分かれ、府市の担当部門もバラバラに対応し、迅速かつ効果的な対策は打てなかったでしょう。

なぜなら大阪市は政令指定都市です。府と同じように、保健所を持っています。大阪市民病院機構という立派な医療組織（地方独立行政法人）も持っている。市立大学には医学部と附属病院もある（府立大には医学部がない）。ＰＣＲ検査を行う衛生研究所もかつて大阪市は独自に持っていました（現在は「大阪健康安全基盤研究所」として府市の組織を統合）。つまり、スケールは小さいものの政令指定都市の権限のもとで、大阪市単独で閉じた仕組みがつくれるのです。

しかし、感染症は市域の境など関係なく広がります。府と市が別々、バラバラでは大阪全体の最適な対策は取れません。たとえば今回は大阪府と大阪市の組織の枠を超えて、すべての情報を府に集約し、大阪市の内か外かにかかわらず重い症状の人はＡ病院、中等症の人はＢ病院、軽症の人はＣ病院、無症状の人はホテルへと入院フォローアップセンターが振り分けました。

最前線の現場対応においても一元化が有効でした。大阪府の感染者数は8月17日の時点で累計６９１６人、そのうち５割ほどを大阪市の感染者が占めていました。約８８０万人の大阪府民のうち大阪市民は約２７０万人ですから、大阪市は人口比を上回って発生率が高かった。大阪市内で患者がどんどん増えましたが、市の検査場だけで処理できない場合は市外の検査場でＰＣＲ検査を行いました。また市内の病院で重篤患者が増えた時には、市外にも入院いただきました。

十三市民病院を、コロナ中等症の専門病院に転用する策も、大阪市民のことだけを考えると非効率に思えたかもしれません。しかし府全体で考えると、中等症の専門病院が一つ中心部にあると全体が助かります。たとえば、そのおかげで重症に対応する能力の高い病院は重症治療だけに集中できるのです。

府と市が一体になって取り組んでいるからこそ、府民も市民も府市がバラバラの時よりも手厚い治療を受けられるのです。


ところで全国には大阪市の他に政令指定都市が19もあります。各市はもちろん地元の道府県と連携しています。しかし、大阪はもっと迅速に動けます。それはツートップの連携に加え、大阪府と大阪市の職員が府・市一体の取り組みに慣れているということが大きいと思います。2011年秋の選挙で、知事だった橋下さんが大阪市長になり、同時に府会議員だった松井が知事になりました。大阪維新の会がツートップになったので協議して、府庁と市役所から職員を出し合い、「府市統合本部会議」という府市が一つの方針に向けて意志決定する場をつくりました。その後は「大阪府市大都市局」という広域自治体（大阪府）と政令指定都市（大阪市）が共同で設置する全国初の組織を条例でつくりました。大都市局には発足時から今日まで、府と市の職員が両方の組織を併任するかたちで入っています。

そしてこの約10年間、この組織のもとで大阪府と大阪市は広域の事業や課題について一緒に仕事をしてきたのです。トップの知事・市長は同じ政党内の人間として絶えず連絡を取ります。加えて行政面でも役所の中に広域事業を一元的に推進する組織があるのです。また各局の各部署でも、課題に応じて府と市の部署の人間がタスクフォースを組んで一体で動いてきました。このように約10年にわたって積み上げてきた仕事のスタイルが新型コロナ対策で顕著なかたちで機能したのです。

新型コロナ対策では、最初に大阪府が司令塔役になると決まりました。すると府・市の枠を越えて両方の職員が集まり、同じチームのメンバーとして一体で動き始めます。市の職員も松井の指示に沿って本件の司令塔である吉村が示す方針に従って動きます。こうして大阪では、さまざまなコロナ対策の施策をスピーディーに実行できたのです。

「維新改革」で磨かれた情報公開の徹底

先ほども少し触れましたが、新型コロナ対策では情報公開の徹底という方針が果たした役割も大きい。吉村・松井は何でもなるべく府民市民に伝える姿勢です。情報公開は、橋下さんが府知事になった2008年からずっとこだわってきました。大阪維新の会もそれをずっと死守し、いまでは大阪府市の役所の組織文化になりつつあります。本書の著者の一人の上山信一は大阪の他にも中央省庁や数多くの自治体の委員や顧問を務めてきましたが、大阪府市ほど「何でも情報公開することが当然」という風土が根付いている自治体はないと確信しています。

橋下改革前の府庁は、全国の中でも情報公開ではダメなほうの役所でした。意思決定をする内部会議、たとえば、予算編成会議は一切クローズでした。つまりどこで何が決まっているのか府民にはまったくわからない。そこで情報公開の徹底をルール化したのです。大阪市も、橋下さんが市長になった2011年から大阪府と同じように情報公開のルールを定め、意思決定過程を「見える化」しました。以来、府も市もそのルールで動いています。そしていまや、府市の職員にとって情報公開は当たり前になっています。

たとえば大阪府庁・大阪市役所では、さまざまな会議にメディアのみなさんが入っています。しかし、それで職員が緊張したり萎縮したりしません。

メディアが入っても入らなくても会議の中身は変わりません。知事・市長が出席する会議では、もちろん事前に知事・市長はその会議の趣旨の説明は聞いています。しかし応答シナリオなどは用意されません。誰もが気がつくと問題点などを指摘する。そしてどんどんその場で判断していく。それが大阪府・大阪市の会議です。

本来、会議というのはそういうものなのですが、多くの役所の会議はややもすれば体裁や形式にとらわれがちです。もう内々に結論が決まっていることを公開会議にかけることすらある。けれども維新改革では、会議や意思決定過程はフルオープンにすると決めてこの10年間ずっとやってきました。

維新改革では、なぜ情報公開や会議の「見える化」を重視してきたのでしょうか。背景には、過去の府と市の数々の失敗への反省があります。たとえば、維新改革以前の大阪府は借金を返すための積立金である「減債基金」からお金を借り入れて通年の歳出にあてるという、ごまかしの財政運営を行っていました。開発案件でもたくさんの失敗をしました。たとえば、１９９４年の関西新空港の開業に合わせて造成した「りんくうタウン」。ここに当時の府は約６５９億円をかけて「ゲートタワービル」を建てました。しかし４６３億円もの損金を出して２００５年に経営破綻しました。

このような失敗（負の遺産）は大阪市にもたくさんありました。ところが、府も市もこうした将来の財政運営にかかわる重要案件をすべて外部にクローズで意思決定していました。どこで誰が発議したのか、いつ誰がどういう決断をしたのか、よくわからない。事後に責任の所在を検証しようとしても会議記録すら残っていない。だから誰の責任かもわからないというガバナンスの欠けた状態だったのです。

維新改革ではこうした過去の大阪府市の苦い経験への反省から、「何ごとも徹底的に情報公開し、記録を残す」というルールを決めたのです。

何事も事後に検証できる状態にしておかないと、よりよい政策は考案できません。へたをするとまた同じ間違いを繰り返しかねない。いいことも悪いこともすべて公開して、記録をちゃんと残していく。これが大阪の維新改革の原則なのです。

よりよい政治判断には「検証・批判」が不可欠

府の新型コロナウイルス対策本部会議は、8月19日までに計24回開いてきましたが、すべてフルオープンでした。3回行った専門家会議や知事が出席しない実務者レベルの感染症対策協議会も全部フルオープンでやっています。

なぜ、そんなにフルオープンにこだわるのか。首長に限らず、政治・行政の仕事では、賛否が対立するテーマがほとんどです。しかも絶対的な正解はない、あるいは新型コロナのように、未知のわからないことがあっても判断を下すしかない場合もある。それでいて自治体は住民から税金を強制的に、しかも使途を事前に説明せずに徴収するのです。まさに血税ですが、だからこそ選挙で選ばれた首長や議員が政策や予算の決定にかかわるのです。なので首長は有権者にすべての判断の根拠を説明する責任があります。つまり「なぜそうしたの？」と問われた時には、判断のもとにした情報や決断のプロセスを公開できなければならないのです。

そしてまた、決断に至るプロセスを明確にすることで、今後を担う人たちがよりよい判断をできるようにしていくのです。

ちなみに大阪府の対策本部会議は毎回2時間くらいです。一方、安倍首相をはじめ閣僚たちが出席する政府の「新型コロナウイルス感染症対策本部」会議は20分くらいです。大阪では現地・現場の情報をもとに実質にかかわる議論をしています。事務局はもちろんあります。しかし結論が変わることもままあります。とにかくフルオープンの会議の場で議論を尽くして最終決定をするわけです。

吉村・松井の記者会見も情報公開にこだわります。原則週1回の定例会見を行い、加えて毎日、朝と晩に囲み取材を行っています。二人とも基本的にルールとして「時間無制限。記者の質問がなくなるまで徹底的にやる」と決めています。定例の記者会見では2時間を超えることも少なくありません。

記者の質問がなくなるところまで答えるというのは、橋下さん以来のスタイルです。記者が聞きたいことは府民・市民が聞きたいことと捉えます。だから「わからない」という回答も含め、とにかくすべての質問には答えるべきなのです。

ところで新型コロナ対策に限らず、国の動きの鈍さとスピード感のなさについては、全国どこの自治体も困っているのではないでしょうか。しかし大阪では、国の方針を待つだけの政治は行いません。

大阪維新の会はこの10年、国の方針があってもなくても、またその内容がどうであれ、必要と思った政策案を府・市で協力しながら出し続けてきました。新型コロナ対策でもこれは同じです。

多くの自治体では、地方自治と言いつつもじつは内心「国が決めてくれたらそれに従う。

責任も国が取ってほしい」といった発想に陥りがちではないでしょうか。

大阪維新の会の政治は違います。大阪にとって必要なことは国とケンカしてでもやっていく。たとえば「都構想」にしても、もともと法律にそうした規定がまったくなかった。それで新しい法律をつくるところから始めました。こうした大阪維新の会の政治のやり方と、従来の国や他の自治体の政治のやり方との違いは、今回の新型コロナ対策でいっそう明確に表れたと思います。だから吉村が全国的に注目されても、「この10年と同じ考え方でやっているのになぜ話題になるんだろう。よそはなぜこういう当たり前のことをやらないんだろう」という感じがするのです。

２００８年からの維新改革は、橋下さん、松井、吉村と、人は変わっても一貫して同じやり方で取り組んできました。今回の新型コロナ対策も仕事の進め方、組織の動かし方、情報公開の仕方などすべてについてこれまでの延長線上です。これが大阪の維新改革では普通の仕事のやり方なのです。

ウィズコロナの都市戦略

感染抑止策と経済の両立、さらにアフターコロナを見据えた都市戦略が必要です。

まず企業の支援ですが、大阪では感染防止のための休業要請に協力した中小企業に100万円、個人事業主に50万円の支援金を給付しています。東京ほど豊かな財源ではありませんが、これには府と市で貯めていた約3000億円の財政調整基金を使います。この基金は、いわば自治体が独力で危機を乗り越えるための貯金です。

橋下さんが府知事に就任した2008年時点では、府の財政調整基金は13億円（2007年度）しかありませんでした。しかし、府は橋下、松井、吉村、市は橋下、吉村、松井のそれぞれ3代の首長の間に「身を切る改革」を約10年にわたって積み重ねてきた結果、府も市も基金を少しずつ積み上げてきました。その蓄積を使って、今回は大阪独自の新型コロナ対策の経済支援ができています。大阪維新の会がこだわってきた身を切る改革のありがたさをあらためて実感しています。

今後はコロナ禍を受けて経済政策、さらに大阪の都市戦略も議論していきます。この10年はインバウンド観光が伸びました。かつて大阪はホテルの数が東京に比べて圧倒的に少なく、稼働率も高くはなかった。

大阪にはビジネス客がたくさん来ます。しかし日帰りが多かったのです。あるいは「仕事は大阪でも週末は結局、京都に泊まるんでしょ」と、観光の集客はあきらめていたところがあります。

しかし維新改革によって関西空港にてこ入れし、2011年からインバウンドは7倍以上に増えました。ホテルの客室稼働率も2015年から4年連続全国1位、世界の訪れるべき地域ランキングの1位（Airbnb、2016年）にもなりました。コロナ禍が収まりしだい観光戦略を再稼働させます。

コロナ禍はマイナスが多いのですが、大阪にはプラスになり得る要素があります。大阪はもともと「ライフサイエンス」や「ウエルネス」の分野に強みがあります。先述のオール大阪での日本初の新型コロナワクチンの治験の取り組みも、そのポテンシャルを生かしたチャレンジの一つです。

大阪は数々の製薬メーカーの発祥地です。創薬の分野に限らず、再生医療などを手がけるトップクラスの研究者が大阪大学や理化学研究所、京都大学などに集まっています。また「つくれないものはない」というくらいの中小企業の技術力があります。

「2025年」が大阪のターゲットイヤー

さらに、2025年に大阪で開催される万博のテーマは「いのち輝く未来社会のデザイン」です。世界的なコロナ禍を経てその重要性や意義は加速化するでしょう。

府と市は、大阪市・中之島を「未来医療国際拠点」に指定して、2023年度を目標に、細胞バンクやゲノム治療、iPS細胞といった先端医療の研究拠点づくりを進めています。認知症についても、府立の精神医療センターと大阪大学が協力して、予防や進行を防ぐ研究をスタートさせています。そして、2024年にまちびらきを予定する「うめきた2期」はJR大阪駅の北側の再開発ですが、ここでも「ライフデザイン・イノベーション」がテーマになっています。大阪府立大学と大阪市立大学の統合も進んでいて、2022年4月には新大学の大阪公立大学が誕生し、2025年には都心の森之宮に新キャンパスや研究機関もできます。

こうした動きや研究成果を披露する場の一つが2025年の大阪万博です。都構想も、もし住民投票で可決されたら、2025年1月に大阪府と大阪市が一つになって、四つの特別区を持つ「大阪都」が新たに生まれます。2025年は大阪にとって完全にターゲットイヤーなのです。

本書掲載の主な大阪市内の地名、施設名など

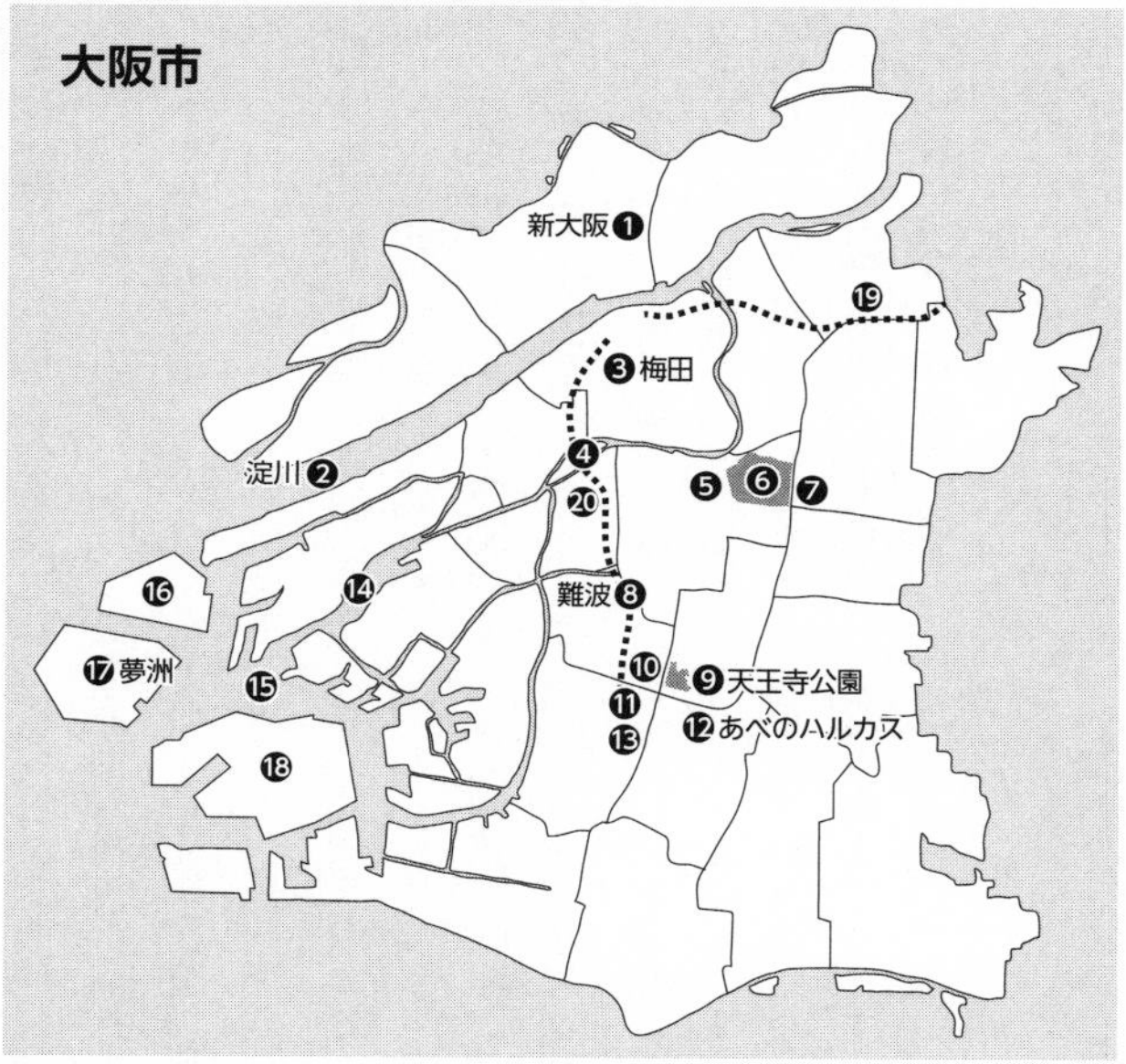

❶新大阪
❷淀川
❸梅田
❹中之島・大阪市役所
❺大手前・大阪府庁
❻大阪城公園
❼森之宮
❽難波
❾天王寺公園
❿通天閣
⓫新今宮
⓬あべのハルカス
⓭あいりん地区
⓮安治川
⓯大阪港
⓰舞洲
⓱夢洲
⓲咲洲
⓳淀川左岸線延伸部
⓴なにわ筋線

第1章　東京人だけが知らない!?大阪の大変貌

圧倒的にきれいになった大阪の地下鉄

２０１８年4月、大阪市営地下鉄が民営化されて「大阪メトロ」（大阪市高速電気軌道株式会社、Osaka Metro）が誕生しました。

市営地下鉄の民営化は、過去に何度も議論され、關《せき》淳一大阪市長（在任２００３年12月〜２００７年12月）の頃には検討の委員会も置かれました。その後も繰り返し議論され、いわば大阪にとって最大の懸案の一つでした。關市長の指示や関西経済同友会の提言なども受けて、大阪市交通局が「民営化は可能」と発表したのが２００７年1月のことです。あれから11年もかかって、ようやく民営化（市１００％出資の株式会社化）が実現したわけです。

なぜ、そんなに時間がかかったのか。公営地下鉄の民営化は全国初だったことや職員の不安などもありましたが、最大の壁は大阪維新の会以外の市議会議員の反発でした。この点については追々説明していきます。

さて、そもそも「大阪メトロ」とは、大阪市に住む人たち、市内で働く人たちにとってどんな存在なのでしょう。

大阪メトロは、東京で言えば「東京メトロ」（東京地下鉄株式会社）にJR山手線を足したくらいの存在として市民生活に密着しています。大阪市内のほぼどこへ行くにもお世話になります。

さらに、子会社として大阪シティバス（旧大阪市営バス）を抱えています。大阪市内には鉄道が通っておらずバスでしか行けない地域が一部あります。しかし、主に市内を走る民営バスは一つもありません。市内のバス交通は、大阪シティバスがほぼ独占しています。

大阪メトロ開業を記念して新ロゴを披露。右から2人目が吉村市長・当時（2018年4月1日、大阪メトロ梅田駅）　写真／Osaka Metro

なので、地下鉄とバスの料金やサービスは大阪人にとって非常に重要なのです。しかし、かつては市営――職員はみんな公務員――であり、労働組合の力が強かった。運営コストがかなり高く、利用者サービスもよくなかったのです。そして「高給取りのバス運転手」とか「地下鉄のトイレが汚い」といったエピソードが全国的にも知られていました。

その本格改革に手をつけたのが橋下徹大阪市長（在

図表1 大阪の地下鉄、「民営化」の効果

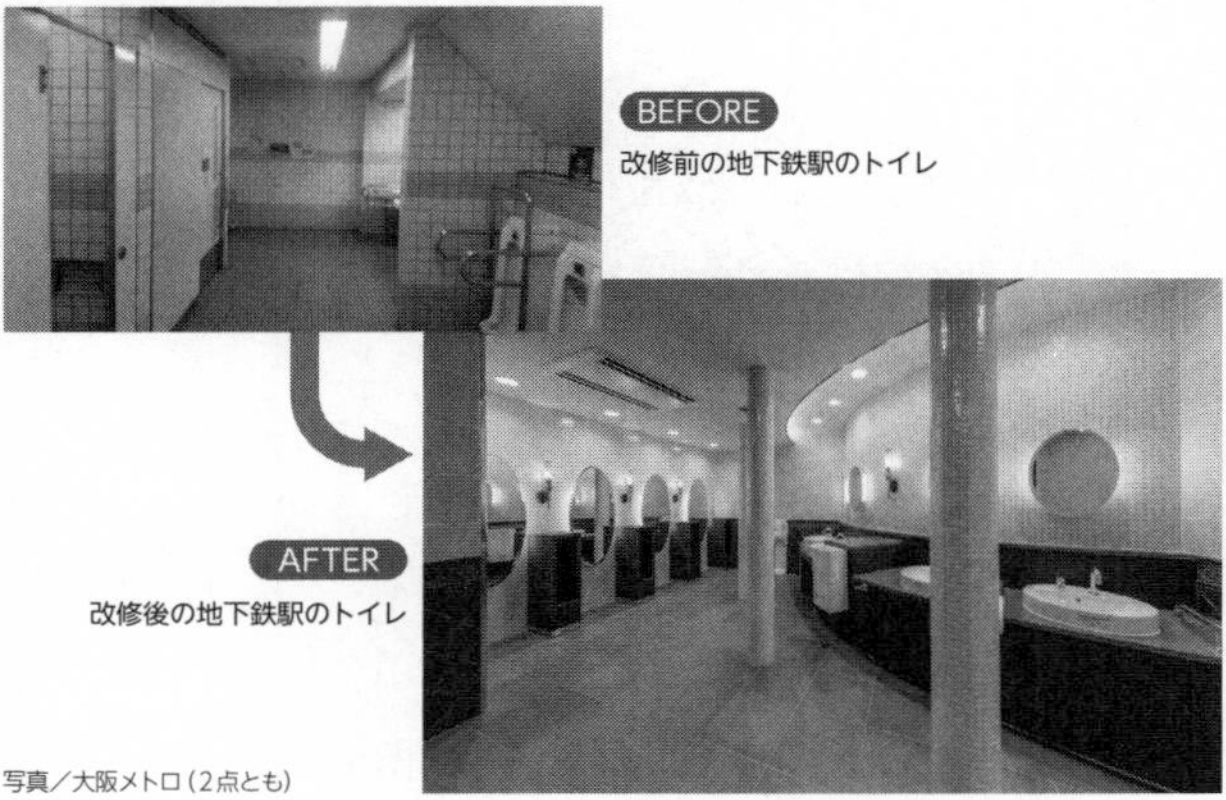

写真／大阪メトロ（2点とも）

任2011年12月～2015年12月）です。橋下市政では、賃金の見直しやさまざまな合理化が実行されました。大きかったのは、大阪市で初めて民間出身者を大阪市交通局のトップに起用したことでしょう。京福電気鉄道の副社長だった藤本昌信さんに交通局長になっていただき、公務員組織のままでもできる改革や、駅や設備をきれいにする、サービスを改善するなどの改革を進めました。たとえば、終電は最大42分遅くなりました。初乗り料金も20円値下げしました。

　改革はその後の吉村市政の時代も続き、トイレは112駅すべて改修され、特に女性トイレはパウダールームのようにきれいになり、44店舗の売店がコンビニ化されました。その

図表2 大阪市の地下鉄事業の収支

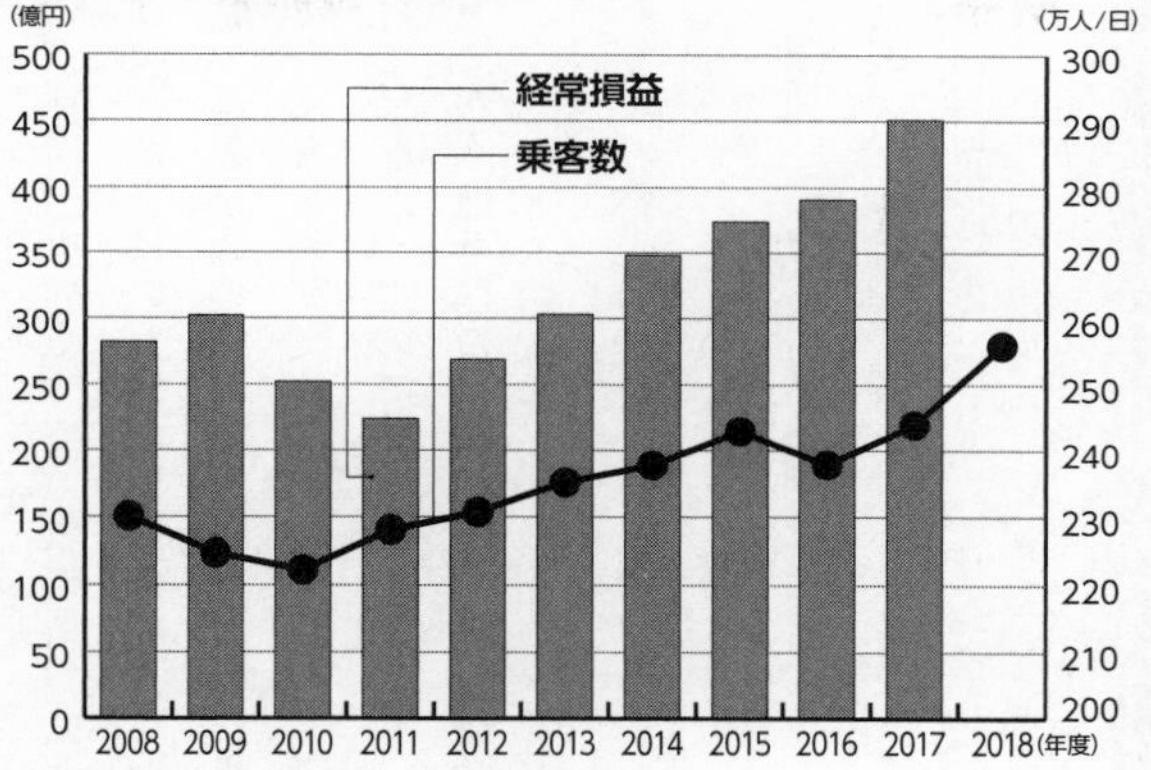

出典）地方公営企業年鑑　※2018年度の乗車人員は大阪市統計書

おかげもあって、じわじわ減っていた利用者も増えてきました。【図表1・2参照】

こうした市長二代のもとでの維新改革の成果がだんだん出始めるとともに、多くの大阪市民が「民営化するともっとよくなる」という期待感を持つようになり、ついに2017年3月、吉村市長のもと、それまで頑なに反対していた自民党と公明党も賛成に転じます。そして、市議会で3分の2以上が賛成して民営化案（市交通局の地下鉄事業の廃止議案など関連3議案）が可決されました。

市議会はそれまで5回の継続審査を経て、2回も民営化案を否決していたのですが、反対派が賛成に転じました。この背景には、2015年5月に橋下さんが「大阪都構想」の住民投票に敗れて、12月に市長を4年の任期満了で退いた影響もあったかもしれません。当時、都構想をめぐって大阪維新の会とずっと対立していた自民・公明にしたら、住民投票に勝った上にいわば「首長のクビを取った」かたちになっていました。

じつは關市政の頃には自民・公明は地下鉄民営化には原則賛成でした。橋下時代も両会派はもともと個別案件には是々非々でのぞむという姿勢でした。なので絶対に反対というわけではなかったのです。

とにかく地下鉄の民営化は大変な難産の末に実現しました。しかも「橋下がいなくなって大阪維新の会は終わりだ」などと言われる中でやっと実現できました。本件は都市としての大阪の発展にとっても政治的にも非常に大きな出来事でした。

全国初、大阪メトロの顔認証

大阪メトロは、最近ではホームドアなどの鉄道の設備更新や安全投資はもとより、ＩＣＴ（情報通信技術）にもかなり投資しています。たとえば２０２５年の大阪万博の輸送対策も念頭に、バスの自動運転の実験や自動運転タクシーの検討を始めています。

「顔認証によるチケットレス」の自動改札の導入も試行中です。たとえば、雨の日。傘と荷物を持って改札機を通るという時、両手がふさがっているのに「どうやってタッチすんねん?」となる。それが顔パスで通れたら便利です。

顔認証の議論になると、東京では入り口で「プライバシーはどうするんだ!」などともめるかもしれません。でも大阪人は合理的に判断する。切符でも通れる、タッチでも通れる、顔認証でも通れる。それなら「やりたい人から、まずやればええやん」ということで、まず実験。それから利用者の理解を得て進めていけばいい。その上でメリットがあるなら導入しようと考えます。それで2019年12月から大阪メトロの4駅で自社の社員2200人ほどを対象に実証実験を始め、いまのところ2024年度までに全駅に導入する予定です。

顔認証のシステムは鉄道事業だけにとどまらず、商業にも展開できるでしょう。流通産業との提携や技術の外販もあり得るでしょう。

また、大阪の人の大多数が大阪メトロの利用者です。この顔認証を活用することで、「スマートシティ戦略」の推進や大阪のICT活用も進んでいくはずです。

東京ではSuica（スイカ）やPASMO（パスモ）が普及しています。大阪でもICOCA（イコカ）やPiTaPa（ピタパ）がありますが、大阪はもう顔認証まで踏み込んでいます。民営化した大阪メトロの挑戦は、まさに一周遅れが一周先に行きつつある好例ではないでしょうか。

大阪出身で東京に住む上山は、もともと東京に比べて大阪の人のほうが、新しいテクノロジーに対して「便利ならまず試してみる」「不安なら使いたい人から使えばいい」という割り切りや合理精神があると思っています。たとえば、世界初のインスタントラーメンと言われるチキンラーメンも大阪の日清食品の開発でした。世界で初めて自動改札機を導入したのも阪急電鉄でした。大阪メトロの顔認証プロジェクトはイノベーティブな大阪の復活を象徴していると思います。

大阪城公園の大改革――民間投資で大規模集客に成功

大阪市の直営だった「大阪城公園」も2015年に民営化し、人気の行楽地として大成功しています。コロナ禍が収束したら、またにぎわいを取り戻すでしょう。

かつての大阪城公園は、東京で言えば、皇居の公園（外苑・東御苑・北の丸公園）と同じような雰囲気でした。皇居の公園は警備の問題などがあり、なかなかにぎやかな行楽地には開発できないでしょう。かたや大阪城公園はそうした「制約」はない。それなのに、ずっと静かで広く寂しい空間だったのです。

大阪城公園のシンボルの天守閣は歴史資料館や展望台にもなっていて、昔からお客さんがたくさん来ていました。けれども、天守閣以外にはあまり見る所がない。みんな天守閣を見たら駅に向かうだけでした。でもそれでは、せっかく公園に来てくれたお客さんに申し訳ない。掃除代や警備代として年間４０００万円ほどの税金を使っていた大阪市にとってもメリットがない。そこで、橋下市長の時代に一念発起して民間委託による再開発に乗り出したのです。

かつて大阪城公園は、天守閣の管理を委託された指定管理団体のほか、野球場や庭園、茶室などは市の建設局、野外音楽堂は教育委員会というふうに、縦割りの組織がバラバラに管理・運営していました。２０１５年からはそれらをまとめて、希望する民間の事業者に20年間貸し出して自由に管理・運営してもらうという「パークマネジメント事業（ＰＭＯ事業）」をスタートさせました。

この事業を受託したのは電通や関西テレビ、大和ハウス工業などによる共同事業体「大阪城パークマネジメント株式会社」です。彼らは約50億円を投資して、公園内の周遊ルートを整備し、売店や展示施設をつくり、駐車場を拡張しました。

図表3 大阪城公園の民間委託

写真／個人蔵（2点とも）

たとえば、「ミライザ大阪城」もその一つ。これは旧日本陸軍の第四師団司令部庁舎で、長く大阪市立博物館として利用されていた立派な建物ですが、２００１年に大阪市の博物館が転出し、それ以降は廃墟のように放置されていました。共同事業体はそれらをレストラン、結婚式場にリニューアルしました。他にも園内を走るロードトレインやエレクトリックカー、お堀を巡る「御座船《ござぶね》」などをアトラクションもかねて展開していきました。民間の知恵と資金で、素通りされていた寂しい空間を行楽の目的地に変え、長時間滞在してお金を使ってもらえる観光拠点、そしてランニングなど家族連れで人々が集う憩いの空間に変えていったのです。【図表3参照】

結果、民営化前の2014年に184万人だった来園者は年々増加。インバウンドが急増したおかげもあって、2017年には275万人ものお客さんが訪れるようになったのです。そして、約4000万円を支出していた大阪市には、反対に共同事業体から約2億円も納められるようになりました。

ちなみに、2018年に天守閣のそばにあるたこ焼き屋さんが1億3000万円も脱税していたというニュースが全国的に話題になりました。しかしこれは、園内にある神社の所有地で営業していた売店なので、大阪市のPMO事業とは関係ありません。ただ、たこ焼きの値段は8個600円。それで3年間の売り上げが5億円もあったというのですから、近年の大阪城公園の盛況ぶりが想像できると思います。

改革では上野公園より先を行く

大阪城公園の民営化が成功した大きな要因は、市の組織の縦割りを超えたことでしょう。市の直営の時代には、公園内の各施設を所管するそれぞれの組織が管理運営をしていました。業務委託の事業者ともバラバラに契約していた。それをやめて、すべてセットで一つの事業体に任せた。それで初めて、公園全体としての楽しさの演出ができるようになりました。

20年の長期契約にしたことも大きかったと思います。行政機関でよくあるような1年、3年、5年といった短期の契約では、民間企業は思い切った投資ができません。20年だからこそ本気で儲ける気になって、約50億円というまとまった額の投資をしてくれたのです。ところで皇居の公園は無理にしても、こうした再開発が東京を代表する都立公園「上野恩賜公園」などでできるのでしょうか。ちょっと難しいのではないでしょうか。

上野公園には都立の上野動物園や東京都美術館のほか、国立西洋美術館や東京国立博物館、国立科学博物館などたくさんの施設がありますが、それぞれ別の法人で、管理運営体制がバラバラです。それ以外の空間は東京都の建設局の直営です。さらに台東区もかかわります。つまり、民営化以前の大阪城公園のように、それぞれの施設が別々の機関として縦割りで存在しています。この仕組みのままでは、いまの大阪城公園のような一体的な活性化はできないと思います。

そんな中、たとえば東京文化資源会議という民間団体が、上野公園の夜を楽しくしようと「上野ナイトパーク構想」を提唱しています。まずは縦割りを超えて夜だけでも指定管理者に任せて園内でイベントをやろうというアイデアはすばらしい。でもこれは推測ですが、上野公園は「お客さんがたくさん来ているから、いまのままでも困らない」「都の施設だけでなく国や区もかかわり、縦割りすぎて調整が難しい」のではないでしょうか。

こうしたバラバラの状態はいわゆるオポチュニティ・ロス（機会損失）、非常にもったいない話だと思います。上野だけではありません。もしかしたら皇居の公園なども、宮内庁や東京都などが一緒になって周遊ルートや売店などを整備すれば、もっとすばらしい空間にできるのではないでしょうか。

手前味噌になって恐縮ですが、大阪城公園のケースほど思い切って民間企業に観光拠点づくりを任せた例は日本にはあまりないと思います。そして、おそらく東京よりも一歩進んでいると思うのですが、どうでしょうか。

「天王寺公園」のリニューアルの成功についても紹介しておきます。この市立公園は、大阪を代表する繁華街「ミナミ」（道頓堀など難波駅周辺）のさらに南にあります。そばには有名な通天閣、新世界がありますが、リニューアル前まではとても寂れた公園でした。

天王寺公園は、かつて住友家が本邸を構えた歴史のある場所です。公園内には大阪市の動物園や美術館もあります。ところが、エリア全体が非常に寂れてきて、ゴミが捨てられたりブルーテントが張られたりするようになった。そこで大阪市は入場料を取るようにして、各所に柵を設けました。それで確かに安全な場所にはなりました。けれども、人々が憩うという公園の肝心な機能が薄まり、駅から動物園や美術館に行く単なる通路になってしまっていたのです。

橋下改革ではそのリニューアルにも着手しました。公園のエントランスには、大阪市の財政に余裕があった高度成長期につくった噴水がたくさんありましたが、コンクリートはひび割れ、水も出ない状態でした。そこで「入園無料にして、噴水を全部撤去して更地にするから、誰か活性化してくれませんか」と、エントランス部分の管理・運営を受託する民間の事業者を募ったわけです。

呼びかけに何社か手を挙げましたが、一番熱心だったのは、公園のそばで「あべのハルカス」を建てて運営する近鉄でした。自社の超高層複合ビルのすぐそばの公園ですから、ここでひと肌ぬごうという気持ちもあったそうです。更地は全面芝生にして、その周りにおしゃれな木造の店舗などを設置する「てんしば」プロジェクトと名づけたリニューアルを提案してきました。芝生を使うというのは大阪市の担当者も考えていたのですが、全面芝生という大胆なアイデアはなかった。「なるほど都心のオアシスになる」ということで、近鉄への20年間の委託が決まったのです。

リニューアル工事を経て、2015年10月に公園は再開。飲食店やフットサルコート、玩具会社が運営する子どもの遊び場、ドッグランのあるペットサービス店などが新しく設置されました。その効果が現れたのは、橋下さんの後継、吉村が市長になってからですが、数字を見てみましょう。

リニューアル前は年間約150万人だった入園者数が、リニューアル後は約500万人(2019年4月~2020年3月)に増えました。また、委託前は維持管理費として大阪市は年間3700万円ほど支出していたのですが、委託後はその負担が約700万円に減りました。さらに、近鉄が各店舗から集めた賃料の一部が、大阪市に年間3000万円ほど納められています。

こうして天王寺公園は、たくさんの大阪市民が集う憩いの場になったのです。

地元企業との信頼関係が成功のカギ

このリニューアルが成功したのは、職員の努力と工夫に加え、近鉄という地元の企業の存在が大きかったと思います。多くの自治体では、「20年間も一つの会社に任せる自信はない」となるのではないでしょうか。けれども、近鉄にとって天王寺公園のリニューアルは、社運をかけたあべのハルカスの成功に直結する重要な要素でした。市は、相当な決意で取り組んでくれるだろうと見込んで、近鉄に任せることができました。この公園の場合は、結果的には市と事情通の地元企業の「ローカル連合」ができてうまくいきました。

数年前までは、上野公園を視察した大阪市の関係者が「ええな～、スタバもあって、お客さんがいっぱい来てるし。うちはブルーテントばっかりや」と悩んでいました。でもいまの天王寺公園は、二周遅れが一周先に行った印象です。

世界の大都市はみんな街づくりの重要な要素として公園に注目しています。東京都も公園改革を進めています。そんな中で大阪は、改革のスケールでもスピードでも世界のトップ集団にいるのではないでしょうか。

ちなみにブルーテントの件ですが、少なくともいまの大阪では、野宿生活者の方を強制的に追い出したりはしていません。その人たちにやっていただく仕事をお願いしています。たとえば、大阪市がお金を出して、NPOも受け皿になって、公園や道路などの手すりや柵を磨く作業や放置自転車の整理などに携わってもらっています。

一気に世界標準になった関西の三空港

関西国際空港と大阪国際空港（伊丹空港）の経営改革は、政府の背中を大阪が強く後押ししたことによって始まりました。橋下府知事の時代に始まった両空港の経営統合と民営化が実を結びつつあります。コロナ禍が収束したら必ず復活するはずです。

どうやってそれが実現できたのか。やや回りくどくなりますが、世界の大都市の空港がどう運用されているのか、というところからお話ししていきましょう。

ニューヨークおよびその近郊には、国際空港が三つあります。ラガーディア、ジョン・F・ケネディ、ニューアーク・リバティー（ニュージャージー州）です。この三つはニューヨーク・ニュージャージー・ポート・オーソリティーという公益企業が一体運用をしています。また、ロンドンにもヒースローとガトウィックという二つ、パリにもシャルル・ド・ゴールとオルリーという二つの国際空港がある。いずれも国際空港二つを一体的に使い分けながら、しかも民営化して運用しています。このように、複数の空港の一体運用と民営化は世界の大都市の空港の標準型なのです。

さて、東京には羽田空港と成田空港（千葉県）という二つの国際空港があります。これに中国・台湾の定期便が運航する茨城空港を加えたら三つ。そしてもし将来、横田飛行場が軍民共用になったら、首都圏には空港が四つもあることになる。しかし横田はさておき、これらの首都圏の三空港はそれぞれまったく別の組織でバラバラに運用されています。

たとえば、羽田空港は二つの駐車場と売店が上場会社になっています。しかしこれは、確実に儲かる部分を切り出しただけで、残りはほぼ国とその外郭団体が丸抱えで税金を投入して運営しています。成田空港は公団が株式会社になっただけで、実質は国営（歴代トップは元国土交通省官僚）のままです。

しかも、世界の空港は24時間運用が常識です。関西国際空港もそうです。ところが首都圏では航空管制と騒音の問題で、どの空港も24時間使えていません。つまり首都圏の空港は、欧米などの世界標準に比べて非常に見劣りのする状態なのです。

関西、大阪もかつては同じでした。関西新空港、伊丹空港、お隣りの神戸空港の三つはバラバラの組織でした。しかも民間企業である関西国際空港株式会社が運営する関空は、主に建設費（埋め立て費用など）に由来する約1兆2500億円もの有利子負債を抱えて、倒産寸前とすら言われていました。伊丹空港は100％国営で、ターミナルビルは一応民間企業でしたが、自治体などが出資する事実上の公営でした。なおかつ兵庫県と大阪府にまたがって立地しているため、騒音対策もダイヤも調整が大変でした。そして、市営の神戸空港も赤字続きでした。

つまり関西の三空港は、大阪の一つは国営、残りの二つは民営と市営でしたが大赤字でした。しかもそれぞれバラバラで、全体観を持った思い切った改革はしにくい状態だったのです。

その巨額の赤字とバラバラの運用を解消すべく、橋下さんは2008年2月に府知事に就任して程なく「大阪の発展にグローバリゼーションは必須。国際経済とつながるために空港のてこ入れは重要」と改革に乗り出したのです。橋下改革というと、教育改革や財政改革のイメージが強いでしょうが、じつは大阪の経済戦略の核として、この空港改革に非常に早い段階で取り組んでいたのです。

空港改革の第一の目的は、関空を関西の活性化のためにフル活用することでした。そのためには有利子負債の圧縮が必須でした。そこで橋下府知事と当時民主党政権の前原誠司国土交通相が話し合い、それがきっかけとなって最終的には関空と伊丹空港の経営統合、つまり伊丹を民営化して関空会社と合併する大改革が実現したのです。

具体的には、まず橋下さんが「関空はこのままだと本当につぶれる。とにかく借金を消さない限り、着陸料の値下げもできない」「伊丹は廃止してもいいのではないか」とぶち上げた。それで国交省も府との協議を積極的に進めるようになりました。そして関空と伊丹を経営統合するという結論に至って、２０１２年７月に新関西国際空港株式会社（それまでの関西国際空港株式会社は、負債を新会社からの賃料などで返済する関西国際空港土地保有株式会社に改組）が誕生しました。地元発で国を何とか動かし、関西全体の懸案が片付いたのです。

結果、関空の有利子負債は２０１７年までにほぼ半減。かつＬＣＣ（格安航空会社）の専用施設などへの先行投資や着陸料の値下げができました、おかげで大勢の外国人旅行客に関空を利用いただけるようになりました。たとえば２０１９年には、全国３１８８万人のインバウンドのうち、26・３％が関空を利用しています。成田空港は28・２％、羽田空港が13・４％ですから、関空の盛況ぶりがわかるでしょう。また日本人を含む旅客数を見ても、２０１９年は２００９年比で２・３倍となる３１９１万人が関空を訪れているのです。

いま関空と伊丹空港は、オリックスとフランスの空港運営会社ヴァンシ・エアポートを中心とする共同事業体「関西エアポート株式会社」が運営しています。関西エアポートは2015年12月に、新関西国際空港株式会社から伊丹と関空の44年間の長期運営権（コンセッション方式）を2兆2000億円で買い取りました。それによって関空の負債が一気に消え、また民営化によって伊丹空港の合理化も始まったのです。当時は、コンセッションによる複数空港の運営は全国初の試みでした。

そして、これはたまたまなのですが、2016年9月に神戸市が神戸空港の42年間の運営権をコンセッション方式で売却することを表明。これも関西エアポート社が受託し、「関西エアポート神戸株式会社」が誕生しました。つまり、関西では関空・伊丹・神戸という三つの空港を一つの会社が総合的に一体運用して経営改善できる状態になっています。関空の「24時間運用」も含めたこうした関西の三つの空港のあり方は、ついに世界標準になったのです。

2020年は新型コロナウイルスで訪日外国人の数は激減しましたが、こうした空港の利便性は大阪のみならず、関西全体の都市の競争力に大きく貢献してくれるでしょう。

「スマートシティ戦略」を梃子にグローバル都市競争に参戦

大阪府・市が提唱している「スマートシティ戦略」はＩｏＴ（モノのインターネット）、ＡＩ（人工知能）、そしてデータサイエンス、さらに将来は５Ｇ（第5世代移動通信システム）を使って、行政サービスはもとより教育や医療などを合理化し、都市のレベルを飛躍的に上げていこうというものです。大阪メトロで始まった顔認証の自動改札もその一環と言えます。

世界を見ると、スペインのバルセロナや中国の杭州といったスマートシティ先進都市の後を、ニューヨークやロンドンなどの大都市が追いかけている状態です。

東京都も「ＩＣＴ戦略」を掲げていますが、大阪の強みは、２０２５年に万博があって、その会場となる夢洲《ゆめしま》（大阪北港の人工島）という広大な「グリーンフィールド」があることです。

夢洲をはじめとする臨海部の開発地は１９９０年代に「新都心」として埋め立てが行われました。夢洲には３３４９億円をかけて埋め立てや基盤整備をし、地下鉄用のトンネルも掘ったのですが、オリンピックの誘致に失敗したこともあって開発がストップ。いわば不良資産になっていました。それを再活用して2025年に万博を開きます。それに向けて5Gを使ったいろいろなICT、IoTの実証実験も大規模にできるというわけです。

都市開発には「グリーンフィールド」と「ブラウンフィールド」の二つのプロジェクトの形式があります。前者は更地、後者は既存地を使います。大阪には、最新のテクノロジーの実験が思う存分できるグリーンフィールドとして夢洲があります。東京にはこういう場所はあまりないでしょう。グリーンフィールドのある大阪のほうがスマートシティの完成型を描きやすいのです。

夢洲に日本と世界の最先端技術を結集させて、万博で全世界にお披露目する。そのことで、大阪のスマートシティ化も加速するでしょう。

万博では、移動もチケットも買い物も顔認証でできるでしょう。自動運転のバスが走っていたり、パブリックビューイングで大阪中の街角とつながっていたりする。「いのち輝く未来社会のデザイン　Designihg Future Society For Our Lives」というテーマのとおり、新しいタイプのスマートシティを、会場の中からも外からも世界に向けて発信したいと思います。

東京のICT戦略の例として、しばしば「大丸有」が挙げられます。大手町、丸の内、有楽町にある既存のビルをネットワークでつないで、「Aビルの飲食店が混んでいる時でも、隣のBビルには空きがある」といったいろいろなことがわかります。こうしたブラウンフィールドでの実験も大切です。

しかし大阪では、むしろグリーンフィールドを活用して、衣食住を全部セットにした「スマートシティはこういうものです」という具体的な姿を提示しようとしています。新技術の実現は何もない土地で新しいものをつくったほうが面白いと思うのです。

大阪には、夢洲の他にも広大なグリーンフィールドがあります。代表的なのは、森ノ宮駅の周辺。大阪城公園のそばですが、戦前に大阪砲兵工廠の広大な軍需工場があった場所です。空襲で焼けて、戦後はその跡地に公共施設――下水処理場やゴミ焼却工場、公営団地、公設試験研究機関、地下鉄とJRの車庫など――が建ちました。

位置的には、東京で言うと神田や築地のような中心部に近いエリアです。いままでは高度経済成長を支える都市のインフラが位置してきましたが、今後はこれら施設の老朽化や移転などで、広大な面積の空き地が出てきます。

先述のとおり、大阪では、大阪府立大学と大阪市立大学を統合した新大学が2022年

4月に誕生します。大阪府と大阪市は、2025年4月にこの森之宮に新大学のキャンパスを置くことを決めました。大学だけではありません。住居棟やオフィス棟も建てて、衣食住がすべてある市街にしようとしています。東京の西新宿は都庁を含め、高層ビルが林立するすばらしいエリアになっています。しかしオフィスの昼間人口は多いものの、夜は静かです。大阪の森之宮はオフィスだけではなく、みんながワクワクするニュータイプの市街づくりを目指します。

また森之宮は、データサイエンスやデータヘルスの実証実験の場とします。新大学のキャンパスには情報学をテーマとした大学院が設置されます。近くには、府市の公衆衛生研究所を統合してできた大阪健康安全基盤研究所の一元化オフィスなど公衆衛生拠点もあります。住民の理解と参画が得られれば、いわゆる「リビングラボ」の市街にすることも考えられます。森之宮の再開発は夢洲に続く、大阪のグリーンフィールドにおけるスマートシティ戦略の第二弾でもあります。

近年、リビングラボとして有名なのは、中国の北京郊外の雄安新区でしょう。自動運転など大がかりな実証実験が行われていて、2050年に人口1000万人のスマートシティ、第二の深圳になることを目指しているといわれます。

開発途上国の要素がまだある中国には、このようなグリーンフィールドがたくさんあって大規模なリビングラボがつくれます。一方、ニューヨークやパリ、東京といった既存の大都市にはなかなかそれができません。

しかし、たまたま大阪は、２００８年夏季オリンピックの誘致に失敗したため夢洲がありります。また府市の二重行政の弊害から、都心の開発が遅れていた森之宮があります。特に森之宮の再開発は、東京で言えば１９６５年の淀橋浄水場の廃止を経た１９７０年代の新宿副都心の再開発のような貴重なプロジェクトです。

大阪はまさに東京より一周遅れです。しかし、だからこそグリーンフィールドがあります。そこで新技術も使って、夢のある一周先を行く都市開発を目指します。

第2章　なぜ、大阪はダメだったのか

70年代から次第に衰退――不名誉なワーストランキングの上位独占

大阪は戦前、特に昭和の初期には全国でかなりポジティブなイメージを持たれていました。たとえば、いまでも田舎に行くと、おまんじゅう屋さんなどで「大阪屋」という屋号のお店がありますが、これは当時、「銀座」のようなイメージで「大阪」という地名が使われていた名残です。昔は商店街の名前でも○○銀座のように、全国に○○大阪というのがあったくらいです。つまり、かつては全国の憧れの的になるくらい繁栄する大都会だったのです。

ところが数十年のうちにだんだん衰退して、橋下改革が始まる頃まではさまざまな経済・社会的指標で、都道府県別のワーストランキングの上位を占める都市になってしまいました。

たとえば、わかりやすいのは住民一人当たりの所得です。【図表4】を見てください。大阪府は1991年の372万円から減り続けて、2008年のリーマンショックで急落し、2010年には全国平均を下回る291万円まで落ちました。一方で、一人当たり所得が断トツの東京都は、この間じわじわ上がり続け、リーマンショックを経て、2010

図表4 一人当たり県民所得の推移

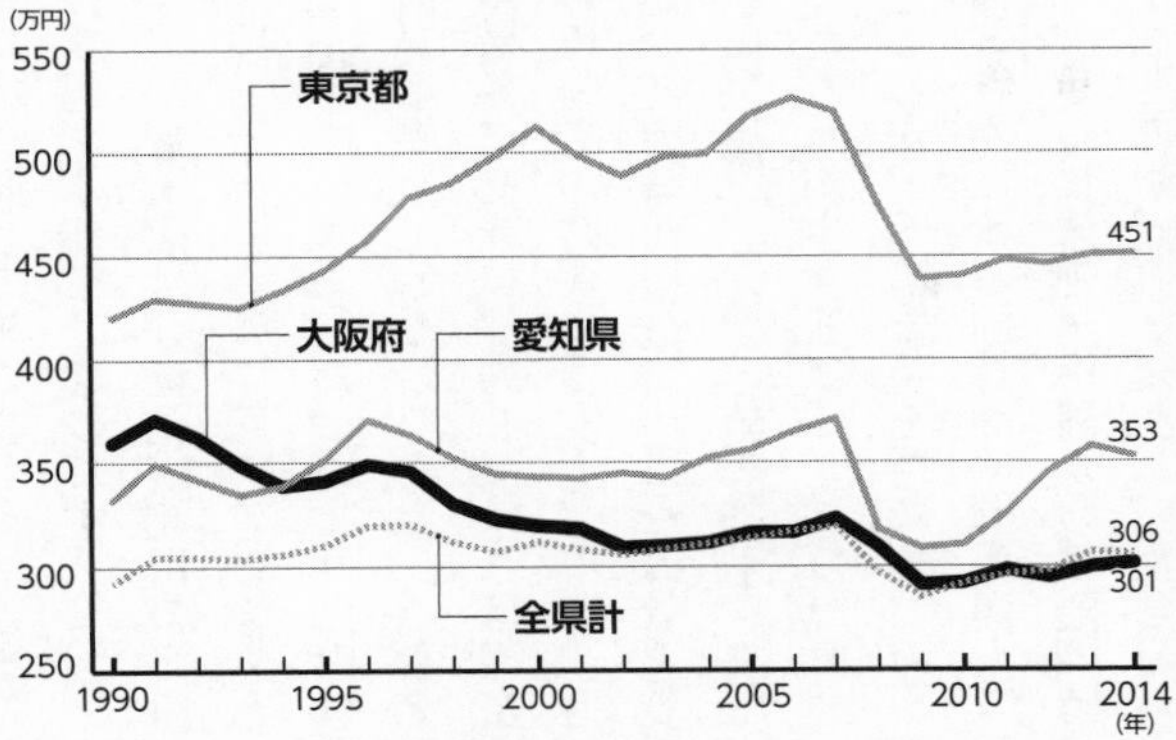

出典）内閣府県民経済計算　ただし2000年の基準年の数値が以後の新基準データとつながるよう筆者・上山調整。

年は445万円でした。

不景気だと失業者が増えます。10年前の2010年の大阪府の完全失業率は7・97％とワースト3位、生活保護の受給率も大阪市が97・1人（1000人対比）と全国1位（2013年）。そして、犯罪発生率や離婚率、女性の就業率、小中学校の全国学力テストの成績、平均寿命、健康寿命なども数年前までは「貧すれば鈍する」の言葉どおり、軒並みワーストランキング上位にあったのです。

なぜ、大阪はここまでダメになったのでしょうか。

歴史的に見ると、そもそも大阪はこれまでに衰退を何回も経験し、そのたびに苦難を創意工夫で克服して生き長らえてきました。裏返して言うと、大阪は「何もしないと、必然的に衰退する都市」なのです。

そもそも大阪は5世紀、淀川の河口の港町「難波津《なにわづ》」から始まりました。7世紀には都（難波宮《なにわのみや》）が置かれたこともあります。さらに平安時代以後は京の都の出入り口として出来上がっていきました。つまり大阪は、長く国家戦略の要衝地であり、中国や朝鮮半島との貿易の拠点でした。しかし、そもそもが京都の玄関口として発展した人工の街です。商売や貿易に必死に注力しなければ、左うちわでは食べていけない都市なのです。

豊臣秀吉の時代には安土、平野、近江などからたくさんの商人が移住してきて成長しました。江戸時代には、徳川幕府のもと、米相場を中心にした流通拠点、商業拠点として「天下の台所」と称され発展しました。近世以降はその時々の政治権力とうまく付き合って、なんとか生き延びてきたのです。

ところが、明治維新を機にまったくダメになってしまいました。大きな原因は大名などをお客さんにする両替商や御用商人の商売がなくなったこと。もう一つは、首都が江戸に移り、さらに水運・海運から鉄道の時代に変わり、首都の物流を支える拠点都市でなくなったことです。

鉄道が通る以前は、大阪湾を拠点に北前船などが行き来していました。しかし海外貿易が始まると、拠点は神戸に移ってしまいました。しかも鉄道の玄関口の大阪駅は市街地の北の端、当時は田んぼだらけの寒村だった郊外の梅田（曽根崎村）にできてしまいました。大阪は鉄道の時代に入ると「国土軸」から外れ、流通・商業の拠点としての力を失っていきました。【図表5参照】

追い込まれた大阪商人は、なけなしの資金を使って海外へ渡り、紡績の技術を買ってきます。また、長州藩出身の大村益次郎によって設置された砲兵工廠を誘致したり、外交官から実業家に転じた五代友厚が造幣局を誘致したりしました。この繊維、機械、化学の三つは、当時のハイテクです。衰退していた大阪はしだいに工業都市として回復し、「東洋のマンチェスター」と呼ばれるまでに成長します。

こうして戦前の昭和初めから昭和十年代頃に大阪は全盛期を迎えます。全国に「大阪屋」が広がったのもこの時代です。

戦後は、その残り火をうまく使うかたちで成長が続きました。砲兵工廠などの機械技術の土壌の上にダイハツやダイキン、パナソニックのような会社が、造幣局などの化学技術

図表 5 大阪と国土軸の関係

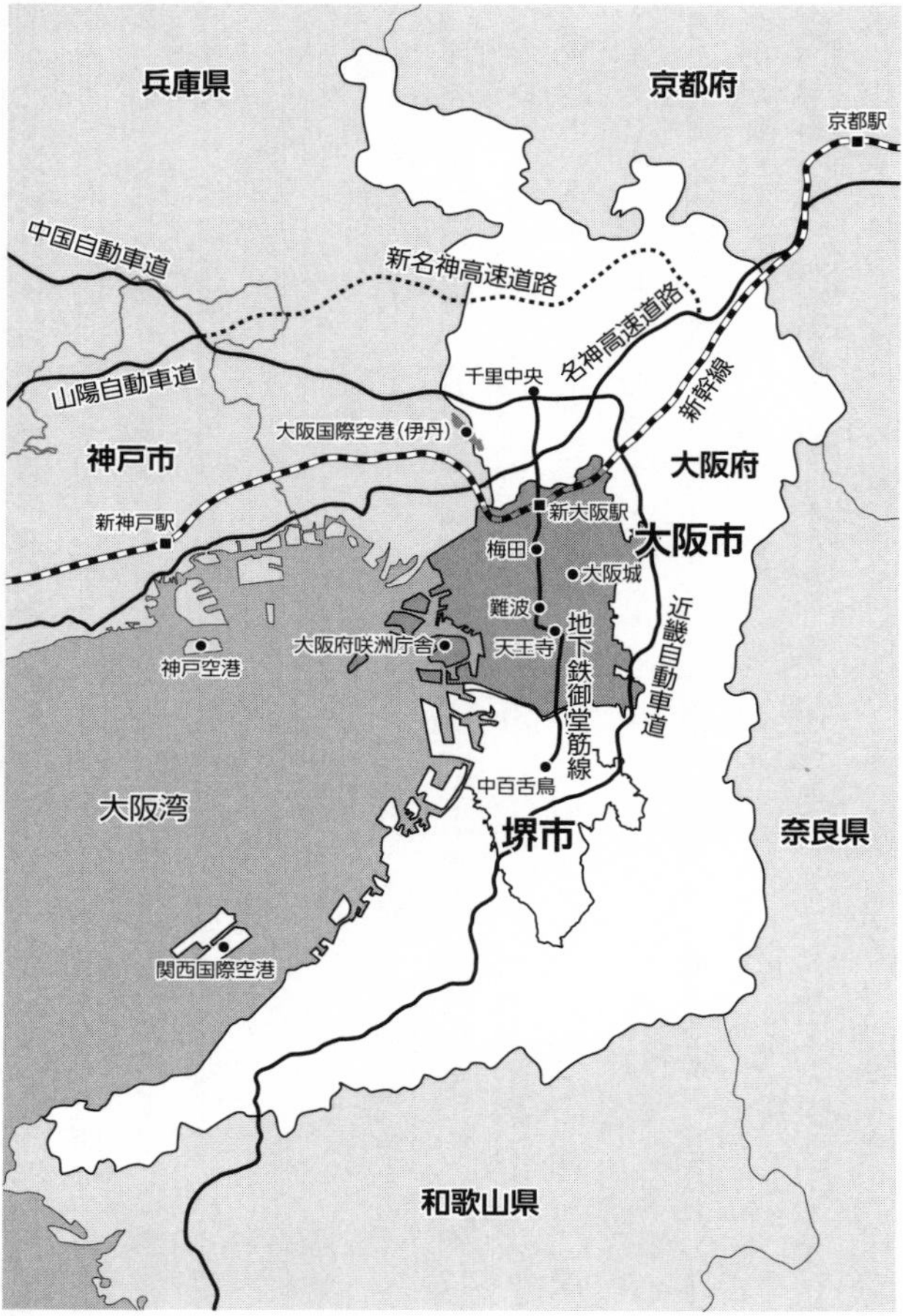

の延長でダイセルや大阪ソーダのような会社が大企業に育ちました。サントリーもその一つと言っていいでしょう。

戦後の新興企業で言えば、日清食品やダイエーが代表格です。ひと旗揚げたい人材がどんどん集まってきて、何か新しく工業なり商業なりをやる。大阪商人のこうした「イノベーション」はしばらく続きます。機械系、重化学工業、商業を三本柱に、元気な関西企業がたくさん育っていくわけです。

ところが、1970年代に日本の高度経済成長が終わります。また1964年制定の「工場等制限法」によって、都市部には工場と大学が事実上新設できなくなります。もともと大阪市内には東京、京都に比べて大学があまりありません。じわじわと製造業がダメになっていき、また、人材も集まらなくなりました。

その結果、大阪ではIT系や金融、コンサルティング、R&D（研究開発）など近年の成長産業があまり育ちませんでした。さらに、スタイリストやアーティストといったカタカナ職業もいまひとつです。東京に成長分野や人材をどんどん取られてしまい、大阪の企業も本社を東京に移してきました。これが最近までの大阪経済の状況です。

橋下府知事時代から始まった大阪維新の会による改革は、こうした大阪の経済・社会状況を何とかすべく始まりました。だから、単に自治体や政治の改革にとどまらない「都市・大阪」全体の再生の動きなのです。

「府市合わせ」の歴史——府と市の対立で投資と意思決定に遅れ

前の章で、大阪復活の例として関空の好調ぶりを紹介しましたが、以前の関空は超低空飛行で、発展のインフラとなるはずが、大阪衰退の代表例とすら言われていました。

手狭な伊丹空港しかなく、騒音問題や輸送力不足に悩まされていた大阪では、大規模な新空港の建設は長年の懸案でした。ようやく1980年代半ば、中曽根康弘政権の「民活」の時に地元財界人たちが一念発起し、国に「自分たちもカネを出すから空港をつくってくれ」と提案しました。その後、一気に計画が進み、ついに1994年、泉州沖に埋め立て式の関西国際空港が開港したわけです。

ところが、埋め立てコストまで空港会社が負担したので、関空はスタート当初から債務超過状態でした。金利を払うために高い着陸料を取り続ける。そのため国際線が誘致しにくいという悪循環に陥ってしまいました。

また関空は、伊丹空港に比べて都心から遠いので、国内線は伊丹に残ったままでした。

さらに開港当時は円高で、1997年にはアジア通貨危機などもあって、今日のようなアジア諸国からの観光客はまったく見込めず、国際線も「閑古鳥」でした。

だから関空は、せっかく開港したのにあまり使われない。そうしたこともあって大阪はグローバリゼーションに出遅れ、海外からの新しい産業の誘致もできませんでした。

関空問題に加え、関連のインフラ整備なども首都圏や中京圏に後れを取りました。なぜ進まなかったのか。一つは府と市の財政赤字の影響ですが、それに輪をかけたのが府と市の「二重行政」でした。

たとえば、大阪府が「関空に速くアクセスできる高速鉄道が必要だ」と言っても、大阪市は「地元の要望に沿って地下鉄今里筋線の建設を優先したい」と言ったりする。とにかく府と市の意見が合わない。将来を見越した投資ができない。それで対立しているうちに、どちらもお金がなくなった。それでインフラ投資も、両方のお金を足してやっと何とかなるというのが現在の大阪の状態です。大阪は二重行政のせいで投資ができず、どんどん落ちぶれてしまったのです。

もちろん、二重行政は昔からありました。しかし、地域に経済力がある頃は府も市も財源があって、インフラ整備も都市開発も進みました。しかし、もはや府と市が対立しているとインフラ整備も企業誘致も進められない。経済力が衰退していく中での府市の対立が大阪の発展にとって決定的にマイナスに作用したのです。

いわゆる「大阪問題」――企業の流出、住民の困窮、財政赤字の悪循環

財政状況も、府市ともに他地域に比べて、非常に厳しい状況に追い込まれました。税収が減っても生活保護や福祉などは削れない。不足分は借金（地方債）でまかなうことになります。結果、大阪（府と市の合計）の住民一人当たりの地方債残高は、1993年度に65万円だったものが2012年度には163万円にまで増えました。同時期、東京（都と区の合計）は一人当たり49万円が50万円と、ほぼ横ばいです。また、その他の府県と比べても大阪の財政逼迫は際立っていました。【図表6・7・8参照】

やがて財政難のためにインフラ建設が進まず、メンテナンスするお金も足りない状況に陥っていき、企業も大阪から離れていきます。すると税収がもっと減り、失業者も増える。すると社会保障でさらに出費がかさみ、借金が増えました。

メンテナンスが足りずに「汚い状態」で放っておかれた典型が、市営地下鉄のトイレでした。水漏れがひどくて床がびしゃびしゃで、臭かった。地下鉄の駅でトイレに行きたく

図表6 大阪府の税収入の推移

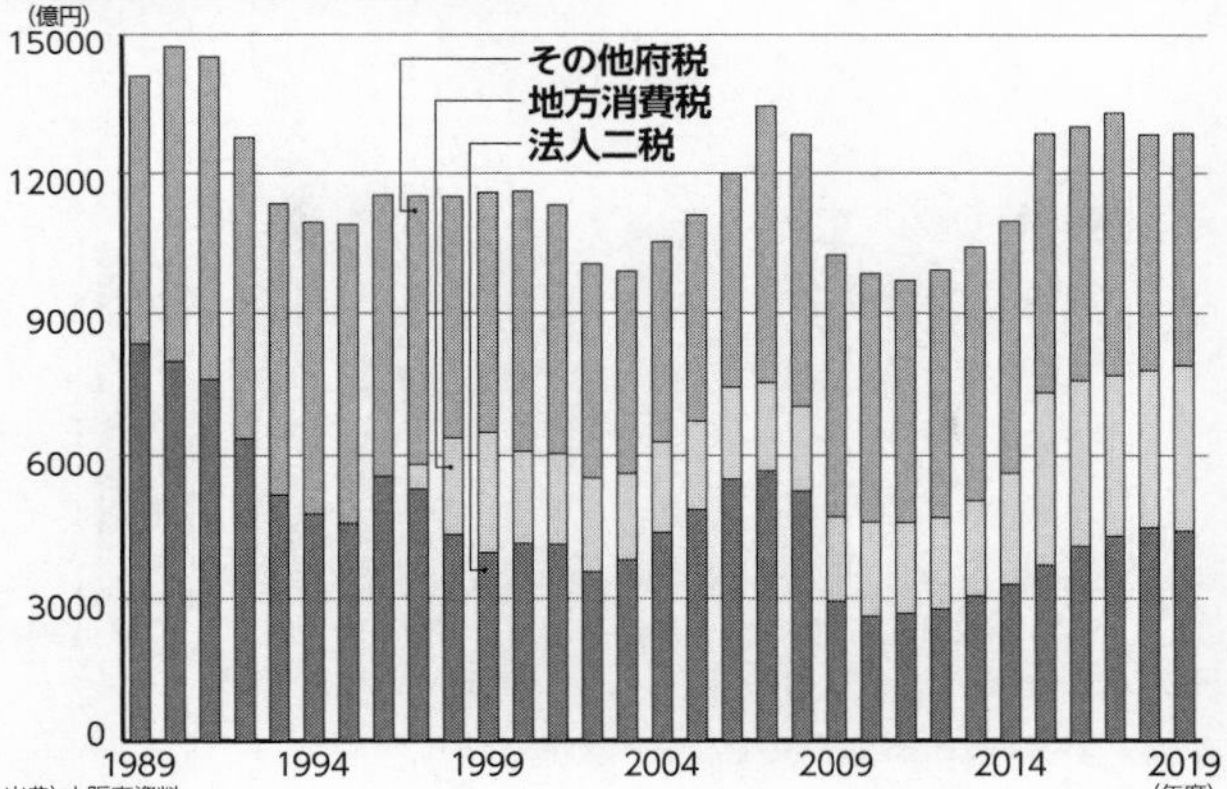

出典）大阪府資料

図表7 大阪市の税収入＊の推移 ＊決算額

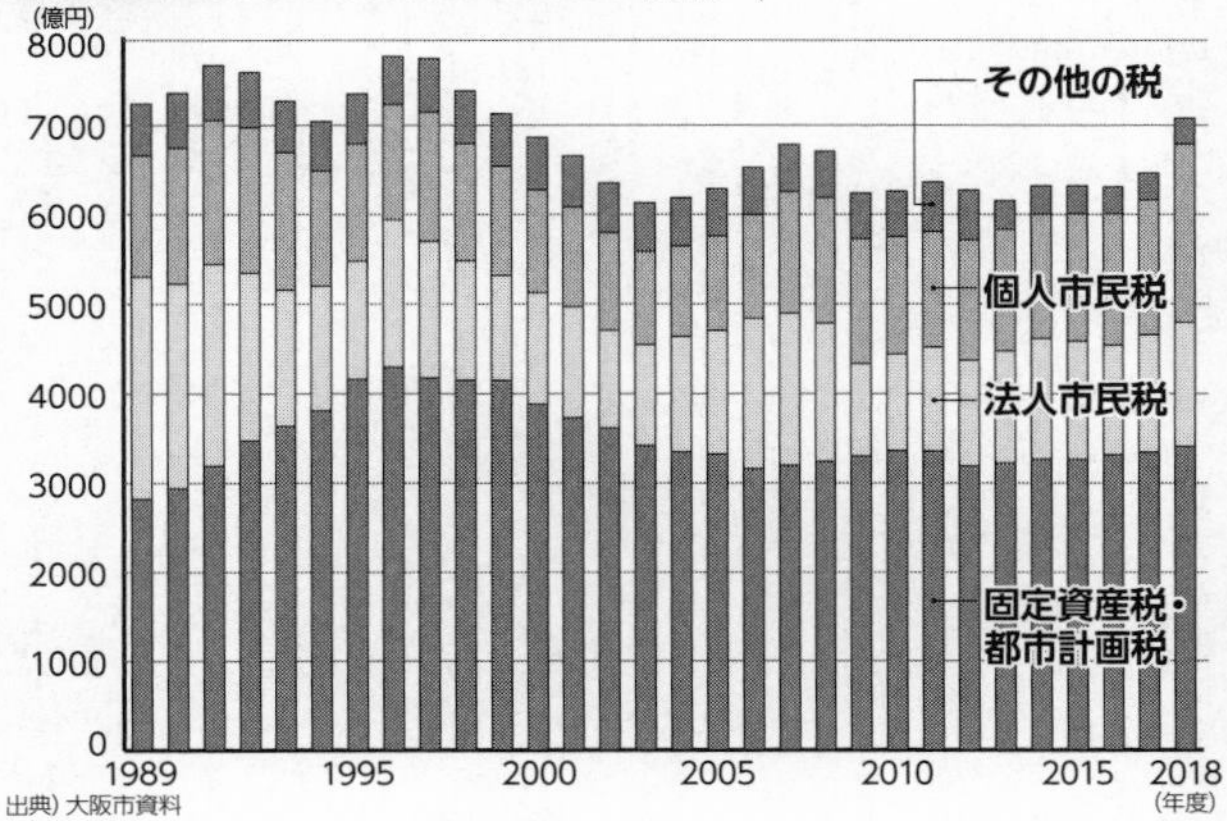

出典）大阪市資料

図表8 大阪市の借金の推移

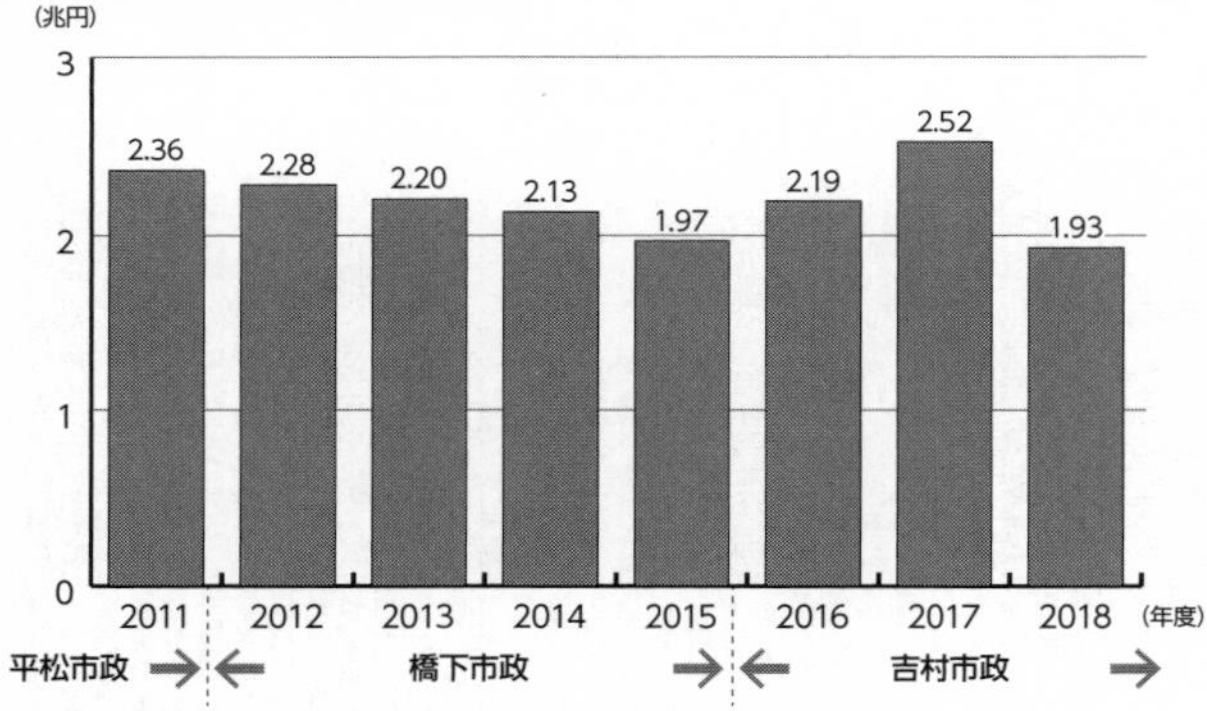

注）金額は一般会計市債残高（除く臨時財政対策債）、十億の位を四捨五入。
出典）大阪市資料

なっても我慢して、近くの百貨店まで行って用を足していたという人もいたくらいです。特に女性は「絶対、無理」だと。しかも出入り口が階段のままで、高齢者や障害者への配慮も手つかずでした。

地下鉄はダイヤも不便でした。終電の時間も早くて、たとえば新大阪に最終の新幹線で着くと、家まで地下鉄を乗り継いで帰れないという人もいたのです。

こうした状況を上山は「大阪問題」と命名しました。これは「企業が流出する。雇用が失われ住民の所得が減り、税収が減る。財政赤字で住民サービスが悪くなる。するとインフラ投資が遅れてさらに企業が流出する」と

図表9　かつての大阪問題の構造（悪循環）

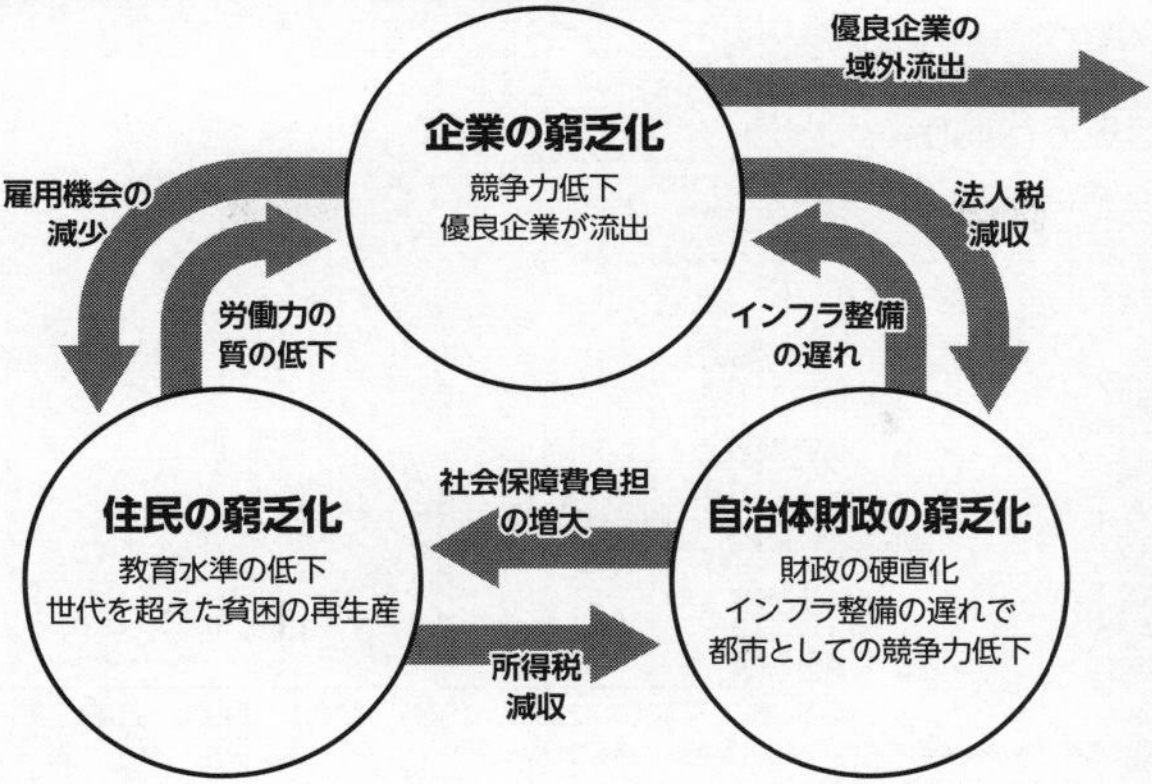

いう悪循環のことです。【図表9参照】

先ほども触れましたが、大阪問題の原因の一つには、1964年に制定された「近畿圏の既成都市区域における工場等の制限に関する法律」（工場等制限法）があります。この法律によって、それ以前に建てた1000平方メートル以上の工場（大学なども対象）は改築や増設ができなくなった。それで建物が老朽化したり手狭になったりした企業が、大阪の外へ出て行ってしまったのです。

たとえば、松下電器（現パナソニック）は滋賀県に、シャープも三重県に工場を移しました。工場等制限法以降、多くの企業が流出し、税収が減ったのです。これは同法が2002年に廃止されるまで続きました。

図表10 過去の大阪市の主な負の遺産と損失額

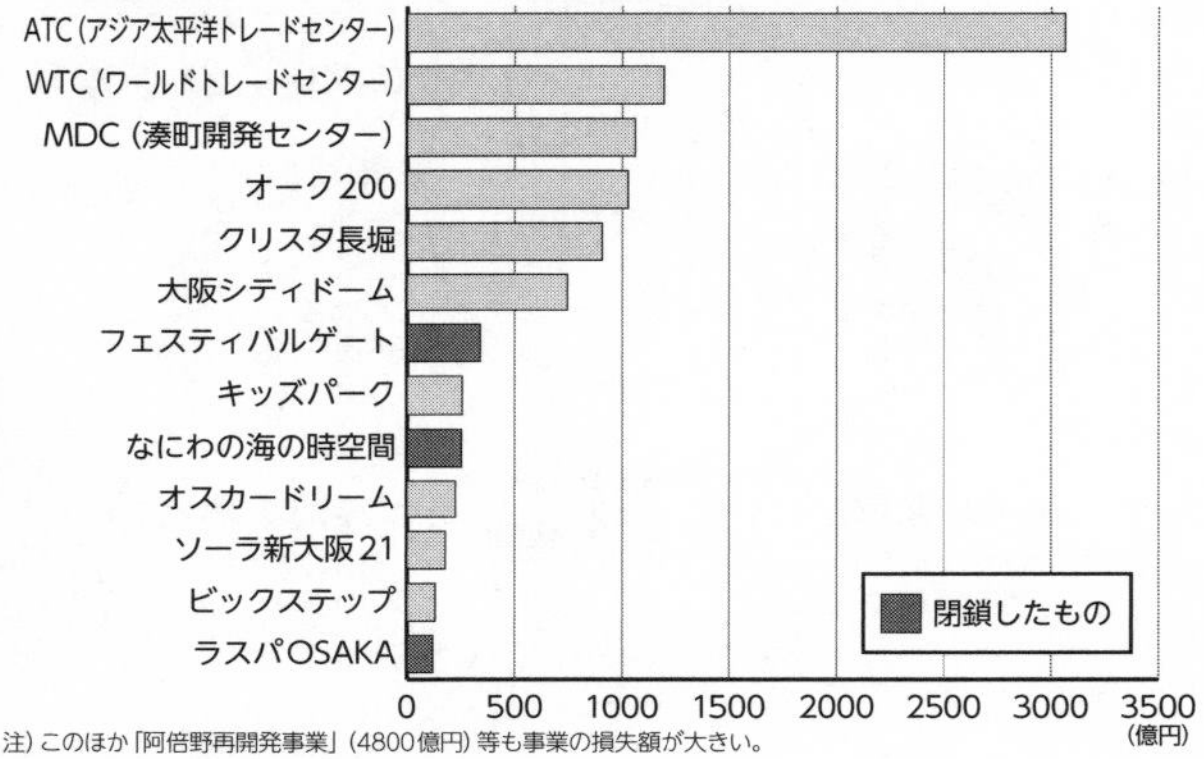

注）このほか「阿倍野再開発事業」（4800億円）等も事業の損失額が大きい。
出典）大阪市及び大阪維新の会資料

ちなみに、名古屋市や豊田市は工場等制限法の網にかかっていませんでした。それでトヨタは外に出て行かなかった。だから同法にかかった大阪は不運だったとも言えるでしょう。

さて、企業の流出が原因で税収が下がっている時に自治体はどうしたらいいのか。本来であれば、税収をインフラ投資や人材育成などに使って、経済の下支えをすべきでしょう。ところが、大阪府と大阪市は別々にインフラ投資をし、さらに大阪市は将来のためのインフラ投資よりも目先の既得権益の維持に熱心でした。その結果、経済不振が続き、都市の貧しさがいっこうに改善されなかったのです。【図表10参照】

「大阪市役所一家」の弊害——いびつな労使、既得権益化、中央政党依存

この間の大阪全体の発展を阻害した要因としては、さらに大阪市役所のあり方が大きいと思います。70年代以降、大阪市役所は世の中の変化に合わせて動かず、さまざまな改革にも及び腰でした。なぜそうだったのか。

大阪市役所は基礎自治体で、教育や福祉、生活保護、町内会のあり方まで、市民生活のさまざまな分野にかかわっています。関係者の種類も数も多く、それを変えるのは大変でした。加えて大阪市役所には政治の問題がありました。大阪市役所は労働組合と市長、そして議会が政治的に一体となって既得権益に固執しました。

これは「大阪市役所一家」と呼ばれましたが、そのせいで大阪は街が本来持っている力を発揮できない状況が長く続きました。どういう経緯か、簡単に振り返ってみましょう。

大阪市役所では、1963年に助役だった中馬《ちゅうま》馨《かおる》さんが市長に就任しました。中馬さんは革新系でしたが、市営地下鉄の拡張や大阪駅前再開発などを成功させて名市長と言われた人物です。

ただ政治面では、悪しき安定構造ができました。公務員の労働組合が市長選挙に関与し

て、その見返りで労働条件をよくする仕組みが出来上がりました。議会の各会派もそこに加わり、一枚岩の市役所に紐づくかたちで、各区の自治会や業界団体などが協力しました。そこに既得権益が生まれました。この構造に支持されない市会議員は、現職も新人も当選しにくくなり、やがて大阪市は既得権益を薄く広くばらまくようになり、役所も議会もすべて「与党」になっていきました。

オール与党体制で、大阪市の政治は非常に安定します。しかし、どんどん保守的になっていきます。さらに、1970年代に共産党の黒田了一さんが府知事になります。また中馬市長が退陣（3期当選直後、1971年死去）します。すると「大阪市まで共産党になったら大変だ」というので中央政党も現状の体制の維持を支援します。こうして大阪市には、中央丸抱えの保守・反共体制ができ、それがずっと続いたのです。

要するに、保守陣営、労働組合、地元団体の三つの勢力が市役所の職員と一緒になって市長をかつぎ、既得権益をひたすら守る。そして改革を阻んできた。これが大阪市役所一家という悪しき安定構造の成り立ちです。

大阪市役所一家の原動力は、市営地下鉄や水道事業などの「現場」でした。これら住民サービスに直結する現業組織には「政治力」があって、思い通りに歴代の市長を当選させました。

真偽のほどは不明ですが、当時は市会議員の口利きで入職する人がいるという噂もありました。そういう人たちが自分たちの雇用や好待遇を維持するために、現職の市長を率先して応援する。仕事を休んで選挙運動にも行くとも言われました。議会選挙でも既得権益派が当選し、改革派は落選しました。やがて一般市民の間には「何をやってもあかん」とあきらめ感が蔓延します。投票率も上がらず、市長選挙ではいつも30〜40%くらいでした。

そんな政治状況の中、府知事だった橋下さんが2011年11月に市長選に出馬します。すると投票率が約61%に上がりました。それまであきらめ感から選挙に行かなかった20〜30%の人たち、いわばサイレントマジョリティーが目覚め、投票に行きました。それで選挙に勝てたのです。

投票率の問題は大阪に限らず、全国どの地域にも当てはまる現象でしょう。通常はあきらめ感が蔓延していて投票率が低い。そのせいで既得権益勢力に推された保守派が当選してしまう。国政も地方政治もこういう残念な状況になっていると思います。しかし投票率を上げさえすれば、既得権益勢力を破る改革派は当選するのです。

支えられる側より支える側を増やそう

「首長しだいで役所は変わる」と思う人もいるかもしれません。しかし大阪市の場合、どんなに市長が改革したいと主張しても、選挙区制度のせいで、議員選挙では共産党を含めた既存政党の人たちが過半数を占めます。だから、どんなに大多数の市民の利益になる政策案でも、既得権益を損なう内容があると議会で否決されがちです。橋下さんが市長時代、熱望していた地下鉄の民営化を議会に2回も否決され、在職中に実現できなかったのもその例でしょう。

市議会は既存政党が過半数の議席を取ってしまう中選挙区制（一選挙区で複数の当選者）になっています。しかし、この選挙区制度を変えようと思ったら、いまの議員たちが構成する議会での議決が必要です。それこそ既得権益であるいまの議席を守りたい現職議員たちが応じるはずがありません。この仕組みが続く限り、大阪維新の会など改革勢力は、頑張ってせいぜい第一党どまりです。定数1の選挙区の多い府議会では過半数を取っていますが、市議会ではなかなか過半数は取れないのです。

ちなみに大阪維新の会は、既存政党の自民党の中から出てきた改革勢力です。代表の松井一郎も政調会長だった浅田均参議院議員も自民党の府議会議員でした。どちらかと言うと、地元ベースの保守の側にいた政治家です。けれども、「このままだと大阪全体が沈む。自分は苦しくなろうが何しようが、変えなあかんやろ」と、反旗を翻して自民党を割って出たわけです。

その意味では大阪維新の会と自民党の対立は、じつは自民党の新しい勢力が古い勢力と闘っていると見る大阪の人もいるようです。

だからじつのところは、大阪維新の会と対立する自民党の市議は、政策面ではなく、自分の選挙区の都合を考えて反対するのです。維新改革の方針については「論理的にはそうやね」と内心考えている人もいるようです。でも選挙区の支持者の意向、あるいは改革が進むと既得権益を失う人たちの声に押されて、反対せざるを得なくなるのでしょう。

一方、大阪維新の会の議員候補者は、基本的に公募で、あくまでも「能力」によって選ばれています。大阪の改革を前に進められる優秀な人材なら、未経験でも世襲でも何でもかまわない。ただし、既得権益と対決できない人、政治を「家業」にしたい人、つまり、自分のお金のために政治をやる人はお断りです。たとえば、吉村はもともと公募の候補者でした。弁護士から新人として大阪市議に当選し、さらに衆議院議員となり、それから大阪市長、大阪府知事になりました。

ちなみに、一部の大阪の人たちが抱く維新改革に対する反発の感情の底には、改革や新しいものに対する不信感に加え、コンプレックスのようなものが混ざっていると思います。たとえば、かつての市営地下鉄の「しょぼい売店」に対する感情です。

市営地下鉄は事業の規模でも職員の数でも、大阪市役所一家の中心的存在でした。しかし、駅中の売店は外郭団体が経営し、みすぼらしく、経営の仕方もひどいものでした。団体は市役所ＯＢの再就職先にもなっていました。

市営地下鉄の売店では夕方になると、毎日「見切り処分」をしていました。売れ残ったおにぎりやパンなどを店頭にたくさん並べて格安で売る。「だったら毎日そんなに仕入れるなよ」という話なのですが、いわば素人の経営だったのです。

しかし、これを評して「あの頃はのどかでよかった」と大阪名物を失うかのごとく懐かしむ人がいます。

これに限らず、何かを止めたり変えたりすると「東京のまねをして、人情の街・大阪を壊すな」と反対する人たちがいるのです。そういう意見が出てくるのは、大阪の人にはこれまで政治によって日々の生活がよくなるという経験があまりなかったためかもしれません。「世界の大都市に負けている」といった議論も通じにくい。意味もなく何でも「アンチ東京」で、「いままでどおりが一番いい」と主張されるのです。

大阪維新の会はそんな人たちにも目覚めていただきたいと思っています。だから、「支えられる側より支える側を増やそう」というメッセージを繰り返し発信し、大阪の人たちに改革をずっと訴えてきたのです。

投じられる税金が豊かさに結びついていなかった

そもそも大阪市が大阪府と同じくらいの「規模」というのが、二重行政のもとであり、広域行政を妨げる原因の一つかもしれません。大阪市は面積で言えば、大阪府の12％ほどしかない小さな自治体ですが、地理的に中央に位置し、人口では約30％、域内ＧＤＰでは約50％を占めています。予算規模（２０２０年度）は府が約5兆６５００億円、市が約３兆４５００億円。職員数（２０１９年）は府が約6万９０００人、市が約3万５０００人ですが、警察官と教員を除くと、府は約８０００人、市は約2万人となり、じつは大阪市のほうが行政サービスに携わる公務員の数は多いわけです。

そして、しばしば「行政手腕では大阪市のほうが上」とも言われてきました。たとえば他府県だと公務員になる場合、県と市の両方に受かったら多くは県に入ります。しかし大阪では、逆の人も多いと言われてきました。

橋下府知事が市長になった時のエピソードにこういうのもあります。飲み屋のおかみさんが言った。「いやあ、橋下さんもえろなりはったな。とうとう市長やで」と。議員にしても、大阪市議から大阪府議に鞍替えする人はほとんどいません。市議のほうが給料も高い。何より「こっちが格上や」と思っているのです。

大阪市では、ぽっと出の人は市長になれません。橋下さんも、府知事として改革の実績を上げてから市長選に打って出たからこそ、堂々と改革の旗を掲げて当選できたという要素は否めません。

大阪全体の中では大阪市がまさに主役です。なので大阪市は「あんこ」、大阪府は「まんじゅうの皮」だとか「大阪はドーナツのように真ん中に穴が開いている」とも言われてきました。府の権限が届かないまったくの別の領域が大阪市というわけです。

吉村・松井の先輩、いま参議院議員の浅田さんは1999年に大阪市内選出の府議会議員になりました。彼が初めて大阪府庁に行った時に、自民党の部屋に貼ってある大阪の地図が大阪市のところだけ白抜きになっていて、非常にびっくりしたそうです。まんじゅうやドーナツの比喩を使うまでもなく、大阪府にとって大阪市は、文字どおりアンタッチャブルだったのです。

浅田さんは自民党の府議として、当初から大阪の政治・行政の構造について、強い問題意識を持っていました。彼が最初に「おかしい」と感じたのは、行政区の行事に出席した時だったといいます。

大阪市の選挙区は24の行政区単位で分かれています。そこで議員は自分の行政区＝選挙区の行事に必ず顔を出します。だから浅田さんも出かけて行った。ところが市民に尽くすべき行政職員で本来は司会役の区長がとてもえらそうにしていた。そして選挙で選ばれた市民の代表のはずの市会議員が区長にペコペコしていました。「これは何やねん？　おかしいなあ」と浅田さんはびっくりした。しかし「これはおかしい」と市議に言っても、相手には通じなかったそうです。

もう一つ、浅田さんが府議になった頃に驚いたのは、大阪市の生活保護率の高さでした。「大阪は全国第二の大都市だ」と言いながら、一世帯当たりの所得や一人当たりの所得は低い。「昔は大大阪と言われたのに」と不思議に感じたそうです。

そのような状況にもかかわらず、大阪市は住民の暮らしにお金を投じず、余計なところでお金を使っていました。たとえば、無駄な箱物をつくった。市役所の職員を厚遇して、天下り先の外郭団体を大事にした。いわば市役所による市役所のための行政が行われていました。

そんな利益共同体を守っていたのが、30％ほどの低投票率で選ばれて市会議員を代々務めている「家業」の政治家たちでした。そんな「大阪市役所一家」の犠牲になってきたのが大阪市民でした。だから、一人当たり行政投資額が高いわりに住民サービスが悪く、一般市民はあまり豊かさを実感できなかったのです。

職員のカラ残業と厚遇問題

念のため、上山が2005年、關市長の時代に福利厚生の見直しの委員会で調査した大阪市役所の状況をいくつか挙げておきましょう。当時の大阪市は全職員に「制服」と称してスーツを配っていました。百貨店で服を買った時に「Osaka City」という刺繍を入れて領収書をもらってくると、市役所がお金を出してくれました。

「カラ残業」や「ヤミ年金・退職金」も長く行われていました。やっていない残業代の申請を通していたり、お金をOBに払っていたのです。ヤミ年金・退職金の原資は、「人件費」という名目一本の予算を市議会に出して済ませていました。

これらの不祥事は、2005年の關市長時代に表ざたになり、職員の厚遇問題として全国的にマスコミを騒がせたので、大阪以外の方も覚えておられるかもしれません。橋下さんは2011年、市長になった時に、こうした大阪市役所のでたらめぶりを「シロアリの巣」と呼んで痛烈に批判しました。

大阪市役所の職員は、一番多かった時で約5万3000人です。いまは市営地下鉄や市立大学などが別法人化したこともあり、約3万5000人になっています。ただ、大阪市より人口が100万人も多い横浜市の市役所職員は約2万5000人なのです。都構想が実現すれば、もっと効率的な基礎自治体の運営ができるでしょう。

大阪市役所の職員数については、浅田さんからこんな過去のエピソードを聞いたこともあります。彼が市役所に行って「大阪市の職員さんって、いま何人いるんですか?」と聞いたら、「ちょっと待ってください。わかりません」という返事。「なぜですか? 給料を払っている人に番号を順番に振っていったら、即わかるでしょう?」と言っても、答えは「できません」だったそうです。

大阪市役所では、交通局や水道局など現業の各局は独自の予算を持っています。当時はそれを物件費など給料以外の名目でプールしておいて、労働組合が直接管理する現場採用の職員にお金を供給していました。組織が縦割りで名目が異なり、しかも組合が実質的に現場を管理している。だから本庁といえども、給料を払っているはずの全員に番号を振れなかったのです。

かつての大阪市役所は地域にもにらみを利かせていました。たとえば、各行政区には校区単位で地域振興町会や社会福祉協議会などがあって、市役所は各団体に資金を出していました。こうした町会等の主要メンバーたちは市会議員の有力なバック、後援会の会員にもなっていたりしました。

要するに、地域にも市役所を中心にした利益共同体がしっかり浸透していました。そのため、選挙で選ばれた議員なのに、行政職員である区長に対して強くものを言えないという、歪んだ構造になっていたのです。

2011年からの橋下改革では、こうした団体に対する一括払い金を止めました。そして、既存の地域団体とは別の「地域活動協議会」をつくって、「そこに事業計画の申請を上げてください。そうしたら補助金を支給します。ただし、2分の1です。あとは地域で努力してください。成果も説明してください」という仕組みに変えました。そうしたら、申請しなくなった地域団体が結構多かったのです。

ちなみに、橋下改革でやった学校改革もこれと同じアプローチと言えるでしょう。大阪市立の学校は職員会議が意思決定の場になっていて、校長にはあまり権限がありませんでした。職員労組が実質的に学校を動かしている場合もありました。「それはおかしい」ということで、国の制度も使って「学校協議会」をつくった。そこに地域の人もPTAも校長先生も参加するかたちにした。全国の先進例にも学んで、地域の関係者の合意が反映できる仕組みに変わったのです。

住民サービスの向上のために

なぜ、大阪市の現行の24の行政区制度は問題なのか、もう少しだけ続けます。

一つは区長のあり方です。かつて区長は市議とつるんで昔の「官選知事」のようになっていました。かつての市議は大阪市全般のことよりも、自分の選挙区である行政区域の細々とした要望の口利きに奔走していました。たとえば、「道路の舗装のやり直し」とか「ゴミの収集時間はいつがいい」とか「水道が漏れている」といった細々としたことです。

一方、もっと大きなことになると、市議会での議決が必要です。しかし議会では、必ずしも多数派を形成できるとは限りません。となるとむしろ議会を通さず、区長経由で市長にお願いする「大阪市役所ライン」のほうが手っ取り早い。かくして大阪市では、議員が官選区長に「口利き」を依存する歪んだ仕組みが出来上がっていったのです。

こうした仕組みがあるので、住民も議員も「区長に直訴すると早い」と考える。それで区長も市長への「口利き」をする。要は、大阪市役所とのパイプが一番太いのが区長ということで、それが「権力」の源泉になっていったわけです。

かつての大阪市役所と行政区の関係は、中央集権による植民地経営のようなものでした。そして大阪市の行政区には本当の意味での自治はありません。たとえば、何でも各区が横並びになっているので、区民一人当たりの行政サービスではかえって区間の「格差」が生じています。東京では区民一人当たりの予算と施設の数がだいたい均等ですが、大阪市では区当たりの予算と施設の数が均等になっています。そのため区民一人当たりに換算して比べると、大きい区の区民が損をしていて、小さい区の区民は得をしています。

そういう「植民地」のような行政区で暮らしていると、住民の意識はどうなるか。たとえば、高速道路のような大阪全体のインフラについて「うちの区の日常生活には関係ないから、高速道路なんかいらない」となるわけです。そして議員もしだいに大阪全体のことには興味を持たなくなるのです。

一方で、そういういわば目先の利己主義に近い大阪市の態度を見て大阪市以外の府民はどう思うか。たとえば、大阪市内を通る高速道路や鉄道の延伸についても、「なんであんな大阪市内の分にまで府の税金を使わなあかんねん」となるわけです。

お互いにそういう意識があるので、大阪ではインフラ整備が前に進みませんでした。府と市の対立というのは、こうした根深い悪循環なのです。役所レベルや議員レベル、また議員を応援する支援者、団体レベルでも「それは府でしょ?」「それは市でしょ?」と、延々問いを繰り返していたわけです。

大阪の地下鉄は、東京に比べて私鉄との相互乗り入れが少なく不便です。これも大阪メトロが大阪市営だった時代に長く続いた「モンロー主義」によるものと言われています。東京では相互乗り入れが当たり前になっていますが、大阪では実質2本しかそうなっていない。

たとえば大阪では、堺から伊丹空港に鉄道で行く時には、南海線でなんば駅へ。そこで乗り換えて御堂筋線で梅田へ。梅田で阪急宝塚線に乗り換えて蛍池、蛍池で大阪モノレールに乗り換えて伊丹空港と、3回も乗り換えます。しかも、なんば駅と梅田駅では結構な距離を歩かなければならない。大阪ではターミナルでの乗り換えがとても多いのです。

大阪の鉄道網は大阪全体の広域の利便性を考えないという大阪市の限界のせいで、とてもいびつなかたちになってしまっています。

しかし、こうした大阪市のモンロー主義も変わりつつあります。2011年に大阪維新の会の首長二人のツートップ体制になって9年が経ちました。府と市の対抗意識もだいぶ変わったと思います。たとえば、以前は大阪駅前の大阪市のバスターミナルには、駅から大阪市内各所に走っていくバスだけが出ていました。「ここはあくまでも大阪市民のもの」ということでした。広域的発想がないので、長距離バスは駅前から出させてもらえない。仕方がないので近くのホテル前から出ていました。「これはおかしいやろ?」ということで、最近ようやく大阪駅の北側に長距離バスの発着所ができました。

第3章　都構想とは何か、なぜ必要なのか？

大阪湾に臨む二つの超高層ビル

前の章では、二重行政による「府市合わせ（不幸せ）」について解説しました。都構想はこれを解消する手段です。そこでこの府市合わせが大阪の人たちにとっていかに不幸せなことなのか、よその人から見ていかに「異常」なことなのか。わかりやすいケースから紹介しましょう。

25年ほど前、大阪湾に面して二つの巨大な高層ビルが建てられました。大阪府が１９９６年夏に関西国際空港の対岸に建てた「りんくうゲートタワービル」と大阪市が95年春に湾岸部に建てた「大阪ワールドトレードセンタービル」（ＷＴＣビル、現大阪府咲洲《さきしま》庁舎）です。

よく見ると、どちらのビルも最上部のアンテナ系が異様に長い。かなり不格好ですが、なぜそうなったのか。じつは建設中に「高さ競争」をしたのです。お互いに相手に負けたくないので、アンテナだけちょっとだけ延ばすことを繰り返した。結果、りんくうゲートタワービルが２５６・１メートル、ＷＴＣビルが２５６・０メートルで完成しました。

バカバカしい話ですが、それくらい府と市の対立は根深い。そのせいで余計な工事費も使われました。住民にとっては喜劇、いや悲劇と言うしかありません。

そもそも、なぜ大阪はそんな悲劇的な二重行政になるのでしょうか。端的に言えば、大阪市が府とほぼ同等の権限を持っている「政令指定都市」だからです。簡単に歴史的な経緯を振り返っておきましょう。

公選制が導入される1947年まで、都道府県の知事は国に指名される「官選知事」でした。その下には、民意で選ばれた市町村長（ただし直接選挙ではなく、地方議会が国に推薦したり選んだりする間接選挙。1947年から公選制）がいました。

政令指定都市制度ができるまでは、大阪市と大阪府の間には大した争いはなかったようです。たとえば1925年、關一市長が市域を拡大し、面積・人口ともに東京市を抜いて日本一の都市になりました。このいわゆる「大大阪時代」でも、大阪市と大阪府がお互いの足を引っ張り合うような対立は、少なくとも記録には残っていません。

ところが戦後すぐ、五大都市（大阪市、京都市、神戸市、横浜市、名古屋市）は府県からの独立を政府に要望して「大都市制度確立運動」を起こします。大阪市も大阪府から独立しようとしました。当然、各府県は猛烈に反対しました。数年間、国会で法案が議論されましたが、結局、独立は実現しませんでした。その代わりに、1956年に五大都市に府県とほぼ同等の権限を持たせる政令指定都市の制度ができました。

確かに大阪市は、戦前から民生委員の制度を始めるなど革新的な市役所でした。それで「大阪市は日本一の市、ナンバーワン」というプライドの高さがありました。たとえば、大阪市は国の官僚の出向を受け入れないのです。

また大阪市には、お金がありました。普通なら都道府県がやるようなことでも、府をさしおいて何でも自前でやってきました。それに伴って府と市の対立は激化したわけです。90年代前半のバブル崩壊後の景気対策でも府と市は公共事業をたくさん実施しました。しかし、大阪全体の需要を見た府市の調整ができずに、競い合うように自分のテリトリーの中だけで無駄なお金の使い方をしました。その象徴が冒頭の二つの高層ビルなのです。

じつは単なる正常化――司令塔の一本化で「府市合わせ」を解消

「水道」にかかわる府市の対立も象徴的です。上水道は、主に川からとった水をきれいにする浄水事業と、きれいにした水を家庭に運ぶ給水事業の二つから成り立っています。

大阪の場合、後者は主に市町村が担っています。一方、前者は主に大阪府が担っていました（現在は大阪広域水道企業団）。

ところが、大阪市は例外です。大阪市水道局は独自の浄水場を持っていて自分で水をつくり、家庭への給水も行っています。しかも、大阪市も大阪府も浄水場は同じ淀川べりにあり、中には庭窪《にわくぼ》浄水場のように隣接しているものもあるのです。なぜそうなっているのか。また少し歴史を紐解きましょう。

近代の大阪には、前述のように繊維工業を中心に「東洋のマンチェスター」と呼ばれるほど工場が立ち並び、戦後も金属・機械工業などの工場がひしめき合いました。言うまでもなく、工場は水を大量に使います。大阪府も大阪市も需要増を見込んで、供給能力を上げるべく浄水場をつくってきました。

人口増加も大きな要因でした。大阪市の人口は1965年には戦後最大の315万人に達しました。

ところが、その後しだいに産業構造や生産技術が変わり節水が進み、人口も減り、工場でも家庭でも水の需要が減っていきました。

いまでは大阪全体で言えば、府と市の水は産業用途も含めて供給能力の5～6割しか使われず、浄水場の稼働率も約半分になっています。そこで10年くらい前から、浄水場を減らそうという議論が出てきました。

　ただ、災害時のバックアップは必要だし、老朽施設の建て替えや雇用の維持などを考えると、府も市も浄水場の廃止になかなか踏み切れない。本来は府と市がそれぞれ考えるのではなくて、大阪全体の視点からどこを廃止するのが最適か、府と市が一緒に考えるべきです。水源も同じ淀川ですから、検討すれば明らかに答えはあるはずです。しかし、どちらも動かない。

　そこで橋下さんはこの問題に府知事時代にチャレンジしました。「府と市の浄水場を統廃合しましょう」と当時の平松邦夫大阪市長に呼びかけ、平松市長もいったんは同意したのです。

　ところが、話し合いは途中で決裂してしまいます。現場同士の具体的な議論になればなるほど、府も市も「だったら、そちらが減らせよ」となって、話が前に進まないのです。「うちの職員の数は減らしたくない」という意識もあったのでしょう。

　もっともこの件は都構想へのトリガーの一つになったと思います。「府と市がバラバラだったら、大阪はずうっと停滞したまま」という構造問題が「見える化」されたのです。

やがて橋下さんは大阪府知事から大阪市長に転身し、再びこの問題に挑むのですが、今度は市議会が反対して進みません。

それでも大阪府の水道事業は行財政改革の一環として、2011年から42市町村が共同で設立した「大阪広域水道企業団」に引き継がれました。大阪府と各市町村の配水事業の統合は進んでいます。

しかし、市議会の反対で大阪市役所は企業団に加わっていません。ようやく吉村・松井体制になってから、府と市が水を融通し合って浄水場のキャパシティを共同で落としていく計画がやっとまとまりました。また2020年3月に、大阪府が調整して、堺市や大阪広域水道企業団と水道の基盤の強化に向けた連携協定が締結されました。

しかし、府と市の二重行政はじつに強固です。水道事業の場合は明らかに水が余っている。なのになかなか減らせなかった。一事が万事こうなのです。都構想が実現しない限り、住民の利益を最大化する「大阪全体の最適化」は不可能なのです。

「消防」での協力体制を築く

「消防」についてもそうです。消防は市町村が担当しています。ただし、スタッフの教育は各都道府県が消防学校1校を運営し、その卒業生を各市町村が採用しています。

なので府内では、全市町村で消防方法は一緒です。大規模火災の応援に行ってもスムーズに共同作業ができます。

ところが、大阪市だけは2014年まで「大阪市消防局消防学校」という独自の学校を持ち、府とは別に独自の教育・採用をしてきました。大阪市は市の規模がずば抜けて大きく、消防学校にも毎年、それなりの人数が入学する。だから自前で運営できたのです。そのため消防方法も大阪市だけ少し違っていました。

しかし、これでは大規模火災の時にも共同作業がしにくい。二重行政の無駄の典型でもある。大阪府全体の消防体制を弱めているということで、松井府知事・橋下市長の時代に大阪府立に統合されました。そして、いわゆる「同じ釜の飯を食う」体制を整えたのです。府知事・市長が従来通りバラバラだったら、いまも統合されていなかったでしょう。

ちなみに、いま大阪市消防局消防学校跡地は、救急救命士や救助研修などの専門教育を行う「高度専門教育訓練センター」になっています。

港湾管理でも壮大な無駄

二重行政の例として「信用保証協会」のケースも挙げておきましょう。信用保証協会というのは、簡単に言うと、中小企業が銀行などからお金を借りる際に保証人になってくれる公的な機関です。ここを利用すれば、経営基盤の弱い事業者でも資金繰りがしやすくなります。

協会はおおかたの都道府県では一つだけあるのですが、大阪では、2014年まで大阪府（大阪府中小企業信用保証協会）だけでなく大阪市（大阪市信用保証協会）にもありました。大阪市内の事業者にしたら、府も市も両方利用できる。市で断られても府のほうで、府で断られても市のほうで、ということができました。

しかし、同じ事業者なのに別々に審査するのは非効率です。また、どちらかで断られるということは、破綻する可能性が高い危ない事業者なのかもしれない。そんな事業者をもう一方が保証するといったことはおかしい。

そこで松井府知事・橋下市長時代の2014年に合併し、いまは一つの「大阪信用保証協会」になっています。

「港湾」にかかわる二重行政も、つい最近まで問題でした。大阪湾には大阪市が管理する大阪港（北港・南港）の他に、大阪府が管理する堺泉北港（堺市・高石市・泉大津市）や阪南港（忠岡町・岸和田市・貝塚市）、深日港（岬町）など八つの港があります。そして運用は大阪市と大阪府でバラバラに行われていました。

しかも、大阪市と大阪府の港の間では連携がまったくできていませんでした。連携していたら、たとえば南港の自動車ターミナルがいっぱいになった時に、自動車の積み出し港として機能している堺泉北港へ、南港から荷物を振り向けられるはずです。

そこで、松井府知事・橋下市長時代に一元管理に向けた検討が始まり、吉村府知事・松井市長体制のもと、2020年10月から「府市港湾局」が市の大阪港と府の8港を一元管理するようになりました。

同じような施設がいくつもある理由

各種の施設についても同じです。二重行政というのは意思決定主体、つまり「司令塔」が二つあるということです。だから、お互いに「ややこしい協議をしてもめるくらいなら、自前でできる範囲の事業を別々にやったほうがいい」となるわけです。

そうした自前の事業は、大阪市は当然ながら大阪市内で行います。一方の大阪府も自前の事業を行う。しかし大阪府は、大阪市を中心に南北に細長い三日月のようなかたちをしています。そのため、府内の住民みんなが南端からでも北端からでも利用しやすい場所、つまり真ん中の大阪市内で行うことになります。

その結果、各種の公的施設についても大阪市と大阪府が大阪市内に二つ、似たような機能の施設をつくってしまう。こういう「無駄」が出てきてしまうのです。

たとえば、「大阪市立環境科学研究所」と「大阪府立公衆衛生研究所」（2017年に統合されて、現在は「大阪健康安全基盤研究所」）。「大阪府立産業技術総合研究所」と「大阪市立工業研究所」（2017年に統合されて、現在は「大阪産業技術研究所」）などです。

また、中小企業やベンチャーの支援でも二重行政がありました。大阪市は「（公財）大阪市都市型産業振興センター」を、大阪府は「（公財）大阪産業振興機構」をそれぞれが出資団体として持っていました。前者は「大阪産業創造館」という建物を、後者は「マイドームおおさか」という建物を持っていました。しかし、この二つは歩いて4分（約300m）ほどの距離のすぐ近所にあって紛らわしい。財界からも、しばしば「大阪の二重行政の象徴ではないか」と言われてきました。この二つの団体が2019年4月に統合され「大阪産業局」ができました。いまは、府市両方が出資する公益財団法人として稼働しています。

大阪府は都道府県の責務として、当然こうした施設を建てる。しかし、大阪市も政令指定都市として大阪府と同等の権限がある。お金もあったので独自の施設を建てました。もちろん、住民たちは同じような施設が大阪市内に2個あるのを見て、「これはどこかおかしい」「無駄じゃないか」と薄々感じていました。でも、それらの一本化はできなかったのです。

けれども、たとえば古くなった浄水場を更新しようと思うと、数千億円もかかります。そういう無駄の大きさや二重行政の弊害が維新改革によって次々と明らかにされました。「水が余っているのに、なぜ府と市の両方が浄水場を更新するのか」といった具合に、一本化を求める機運が高まったのです。

ところで、府市の事業の一本化は合理化や財政再建のためだけではありません。捻出された府と市の資金は子どもたちの教育の充実や、鉄道や道路などのインフラ建設等、都市大阪の再生に向けた投資に使われています。

「官営経済」をやめて民間の力を呼び込む

大阪都構想は、①大阪府庁の広域機能と大阪市の都市計画などの機能を統合して強い広域自治体をつくることと、②大きすぎて市民サービスが行き届きにくい大阪市役所の基礎

図表11 大阪都構想の３つの意味

目的	具体内容	都市戦略的意味合い
強い 広域行政体 づくり （集権化）	●都市計画などの大阪市の政令市機能を府に集約化 ●大学、研究所等の統合	●インフラ投資の加速化 ●競争力のある大都市づくり
都市経営の スリム化 （民営化）	●地下鉄、バス、上下水道、ゴミ収集などの民営化（含むコンセッション） ●病院、大学、文化施設などの独立法人化	●大都市資産の有効活用 ●公民連携による都市再開発
やさしい 基礎自治体 づくり （分権化）	●大阪市内を４つの特別区に分割再編 ●公選の区長と区議会を置く	●地域特性にあわせた住民サービス ●住民参画 ●補完性の原則の徹底

自治体機能を四つの特別区に分割して充実させること（優しい基礎自治体づくり）の二つが主眼ですが、もう一つ大事なポイントが③「民間でできることはなるべく民間に任せる」という方針です。これについてはこの12年、橋下改革の初期から取り組んできました。

【図表11・12参照】

これまでの大阪の経済は、特に大阪市内では、大阪市役所が良くも悪くも地下鉄から市場まで何でも直営で事業を営む「官営経済」の要素がありました。大阪維新の会はそれを是正し、民間企業の力を呼び込むべく、スタート当初から都構想に民営化を含めてきました。

たとえば、大阪府は泉北高速鉄道（運営主体は外郭団体の大阪府都市開発株式会社）の株

図表12 大阪府と大阪市の事業・組織の民営化と統合（主な実績例）

	直営事業	公益財団法人／独立行政法人化等	官から民へ		株式持分の売却や運営移管
			民間委託／コンセッション	株式会社化	
大阪府		●府営水道を水道事業団化［2011］ （注：病院は2006年に地方独立行政法人化済）	●大阪府営卸売市場を指定管理方式で民間委託［2017］ ●下水道（計画中）		●泉北高速鉄道を南海電鉄に売却［2014］ ●大阪国際空港ターミナルを新関西国際空港に売却［2013］ ●府道路公社をNEXCOに譲渡［2018］
統合 or 移管	●消防学校の一体的運用［2014年］ ●港湾の管理一元化［2020］ ●市内府営住宅を市に移管［2015］ ●市立特別支援学校を府に移管［2016］	●「（公財）信用保証協会」に統合［2014］ ●「（公財）大阪産業局」［2019］（大阪産業振興機構と大阪市都市型産業振興センターを統合） ●公立大学法人大阪［2019］（府大と市大を統合） ●「（地独）大阪産業技術研究所」［2017］（産業技術総合研究所と工業研究所を統合） ●「（地独）大阪健康安全基盤研究所」［2017］（公衆衛生研究所と環境科学研究所を統合）			
大阪市		●「（地独）大阪市博物館機構」［2019］ ●「（地独）大阪市民病院機構」［2014］ このほか動物園も地方独立行政法人化予定［2021年予定］	●「クリアウォーターOSAKA株式会社」（2017，大阪市100％出資）に下水施設の運転・維持管理を委託 ●水道事業を包括委託（検討中） ●大阪城公園PMO事業［2015］ ●てんしば事業［2015］	●交通局の全面民営化［2018］ 地下鉄は「大阪市高速電気軌道」（大阪メトロ、大阪市100％出資）へ。 バスは「大阪シティバス」（大阪メトロが65.3％、大阪市が34.7％出資）へ	

注）（公財）＝公益財団法人　（地独）＝地方独立行政法人

式を売却し、完全民営化（府の持ち分は49％）しました（2014年）。また、伊丹空港のターミナルを運営する大阪国際空港ターミナル株式会社（府市のほか他の自治体や企業等も出資）を新関西空港会社に売却しました（2013年）。

大阪市はどうでしょう。大阪市は民営化の対象にできる事業が多くありましたが、これまで他都市より民営化が遅れていました。たとえば、多くの政令指定都市がすでにやっていた市民病院の独立行政法人化ができていませんでした。家庭ゴミの収集輸送もすべてが直営でした。そこで2011年秋からの維新改革では、大阪市のすべての事業をゼロベースで見直しました。その結果、地下鉄とバスは2018年4月に株式会社化。また病院は2014年に、博物館は2019年にそれぞれ地方独立行政法人にしました。動物園も2021年の地方独立行政法人化が決まっています。

大阪の地下鉄はずっと市の直営で、職員は市の公務員でした。それで大阪の人たちは割高の運賃やサービスの悪さを「市営だからしかたがない」と我慢してきました。しかし、それがついに変わったのです。

水道と下水道については、設備とインフラは大阪市役所が所有したまま、運営のみを新たに設立する株式会社に業務委託するコンセッション方式を検討中です（一部業務は民間委託を拡大中)。

水道の改革は大阪市よりも府が先行しました。先述のとおり、２０１１年から大阪府の水道部が大阪広域水道企業団に改組され、大阪市以外の市町村も参加して事業を開始しています。その後、橋下さんの市長就任後に大阪市水道局は同企業団との経営統合を検討しましたが、調整がつかず、とりあえず市は単独でコンセッション方式による施設の民営化をすることになりました。

ところで、民営化、民間活用の対象は事業だけではありません。大阪市役所は大阪市の土地の約26％を所有しています。ここには道路や学校なども含まれますが、全国政令市中でもトップクラスです。しかも大阪市の土地はほとんどが平地で、利用価値が圧倒的に高いのです。維新改革の前まではこうした土地が放置されていました。これらも民間の力も借りて次々に有効活用し始めています。

大阪市の「行政区」は機能していない

以上述べてきたように、二重行政の打破と司令塔の一本化、さらに民間に任せられる事業の民営化が着々と進んできました。これに加えてもう一つの問題が「そもそも基礎自治

図表13　事実上の「大阪市」の広がり

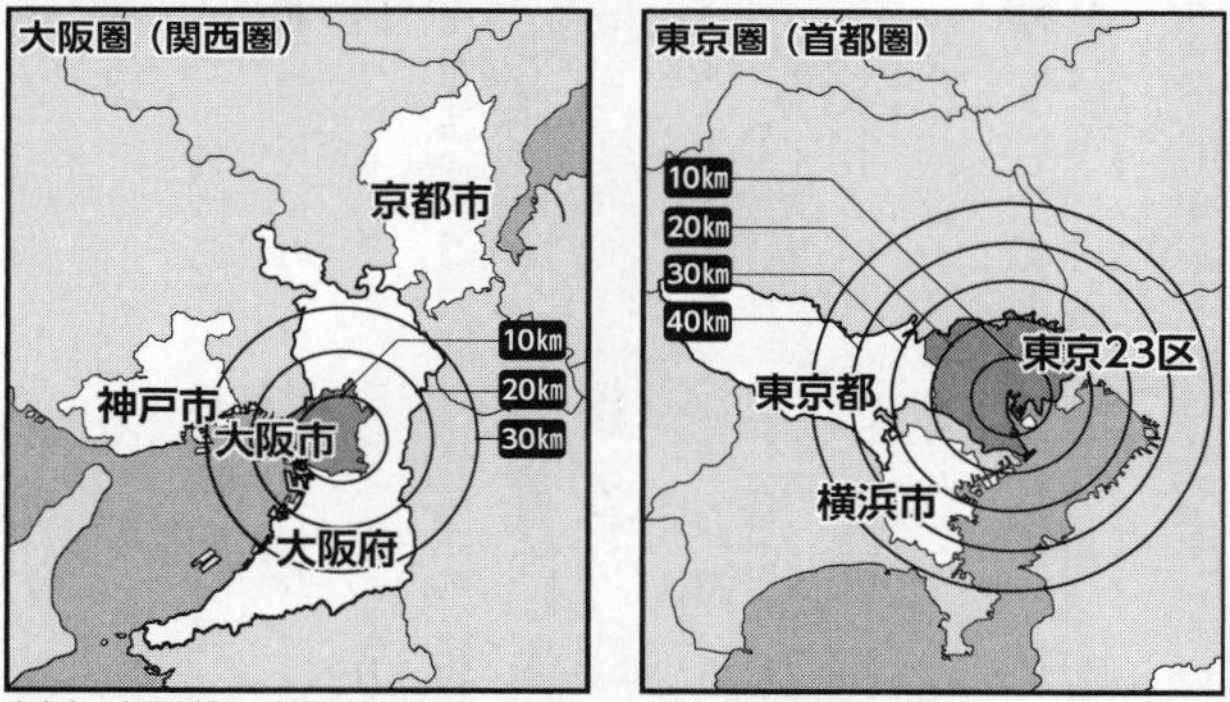

事実上の大阪市域は、大阪市域を超えた20キロ圏に及ぶ。

東京23区の中心に、鉄道に沿って、横浜市、さいたま市、千葉市等に放射状に広がる。

体として、大阪市の約270万人は大きすぎる」という点です。【図表13参照】

政令指定都市の大阪市には24の行政区が置かれ、それぞれに区役所が置かれています。区のレベルできめ細かな住民ニーズを汲み取り、住民サービスを提供する。全体の人口が多いので各行政区を小さくして目の届かない部分をカバーするのです。

しかし現行の大阪市の24行政区は、あまりその機能を担えていません。市に代わって十分な住民サービスができる権限や予算がないのです。たとえば事業予算は、ほとんどの区役所で年間1億円未満でした。最近はかつてよりも財源も権限も移譲されていますが、かつては区内の学校に花壇をつくるといったささやかな事業がその区の最大の独自事業だったりしたのです。

都構想では、大阪市の広域の行政機能を府に移すだけでなく、大阪市の24の行政区をきちんと機能する四つの基礎自治体に再編し、機能を大幅に強化します。あるいは、「大阪市役所とその傘下の24の行政区をゼロベースで再編し、権限と予算を現場に近い四つの特別区に移す」と言ったほうがわかりやすいかもしれません。

２０１５年５月の住民投票の時には、五つの特別区にすることを提案しました。この数は、大都市地域特別区設置法に基づき、大阪府市の首長、議員が議論する法定協議会（法定協）で決められたものです。

当初の法定協での議論は、「三つ〜七つに再編する」ということでスタートしました。これは人口で言うと、一つの特別区が80万人〜30万人におさまる数です。

この数字は「最適経営規模」という自治体経営にかかわる理論などをもとにしています。これは、自治体には一人当たりのコストが安くて効率もよい最適規模があるという理論ですが、それも参考に「特別区は人口で80万〜30万、特別区の数にして三つ〜七つ」という数字を出したわけです。

２０２０年11月の住民投票にかけられる予定の現在の都構想は、四つの特別区案になっています。今回の法定協の議論は「五つの特別区案は2015年に否決された。この事実から出発してバージョンアップしよう」というところからスタートしました。そして、4区案ならばすべての区に街づくりの拠点であるターミナル駅が存在し、また4区案のほうが役所のランニングコストの観点からも効率的だということで、一つの特別区の人口が60万~80万になる四つの特別区案に決まったのです。

いずれにしても、いまは住民サービスの担い手は大阪市一つしかありません。市長一人が約270万人の住民のゆりかごから墓場までの面倒を見ています。その数が四つに増えることで、特別区の区長4人が面倒を見るようになる。住民サービスはより細やかになります。24の行政区が四つに集約され、各区の権限や予算が大幅に増えます。特別区の区長は住民が公選で選びますし、特別区には議会もできます。住民自治のレベルが格段に上がります。教育委員会もいまは市全体で一つですが、それが四つの特別区にそれぞれできます。各特別区や地域の実態に合わせたより細やかな教育行政が実現するはずです。新型コロナの対応に日々奮闘する保健所もいまは市全体で一つですが、それが四つの特別区にそれぞれできます。

なお数字で見ると、大阪市が担う約2900件の業務のうち85%は特別区に残り、15%

は府に移ります。また、旧大阪市の収入約8500億円（2016年度決算）は財政調整を行い、4特別区に約6500億円、府に約2000億円が分配されます。

オリンピック誘致の失敗と万博招致の成功

さて、これまで二重行政と「府市合わせ（不幸せ）」の弊害についてたくさん述べてきました。次は意思決定の遅れの問題について考えていきます。

最もわかりやすいのは、オリンピック誘致の失敗と今回の万博招致の成功の例の違いです。

大阪市は2008年夏季オリンピックの誘致を目指していました。ところが大阪府は、お付き合いで応援する程度で冷ややかでした。案の定、大阪はオリンピック誘致に失敗しました。

オリンピック誘致に限らず、大阪全体にかかわることは、大阪府と大阪市で何から何まで協議しないと決められません。しかも首長二人と議会二つ、四つの意思決定がそろわなければならない。それで何事につけて1年、2年と遅れてしまう。そのうち、四つのうちどれかの任期が来て、選挙となってまた遅れる。それで大事なことが決まらず、どんどん衰退してきたのがこれまでの大阪だったのです。

それに対して2025年万博は、大阪市役所と大阪府庁が一致団結して招致に成功しました。万博の場合は、首長二人が大阪維新の会でした。議会でも大阪維新の会が府市ともに与党（第一会派）でした。そのためスムーズに進みました。

万博に限らず、いまは府知事・市長がともに大阪維新の会所属という人的関係で疑似一体化ができています。府・市議会も大阪維新の会を通じて疑似一体化しています。そして府・市の役所も、当初は府市統合本部会議並びに大都市局、現在は副首都推進本部会議並びに副首都推進局を通じて擬似的に一体化しています。これら三つの疑似一体化を通じて何とか「バーチャル・ワン大阪」を実現しています。

これを大阪維新の会は「バーチャル大阪都」と言っています。この仕組みがつくれたからこそ最近の大阪の改革は進んだし、都市としての活力が戻りつつあるのです。たとえば、なにわ筋線（JR西日本・南海電鉄の新路線）と淀川左岸線（阪神高速道路）の開通に関する府市協議は、文字通り一発で決まりました。10年前ならあり得ない意思決定の早さです。

阪神高速淀川左岸線の開通について、少し詳しく紹介しておきましょう。この計画がスタートしたのは2001年、ちょうどたまたまオリンピックの誘致に失敗した年のことです。

この年、「大阪都市再生環状道路」という大阪市を中心に、阪神高速の淀川左岸線や湾岸線、大和川線（堺市）及び近畿自動車道などで構成される約60キロの環状の高速道路を開通させる計画が立ち上がりました。その後、全体の工事は比較的順調に進んだのですが、淀川左岸線の延伸工事がずっと止まったままでした。じつは、淀川左岸線は大型トラックを大阪市内に入れずに周辺部に逃がし、渋滞を減らす効果がある。環状高速道路の核心部分でした。

2025年万博開催地、大阪決定の瞬間
（2018年11月23日、パリ）　写真／大阪府

そんな重要な工事がなぜ止まっていたのかと言うと、大阪市にやる気がなかった。大部分が市内の地下を通るので素通りの道路と考えたのです。地元の住民からすると、お金を出すメリットのない迷惑施設に見えます。それでやる気が出ないわけです。

一方、大阪府庁はやる気満々です。広域インフラの戦略として、これまで内環状・中央環状・外環状という三つの環状道路を基礎にしてやってきた。「都市インフラとして環状道路は大事」という哲学のもと、関西の物流全体を見据えて淀川左岸線をずっと「つくりたい」と言ってきました。しかし、府には単独でつくるお金はない。大阪市がやる気になってくれないとダメだったのです。

それで淀川左岸線は10年以上も放っておかれました。それが大阪維新の会のツートップ体制になって一気に動き出しました。さらに万博招致が決まったことで、加速して工事が進んでいます。

これに限らず大阪のインフラ整備は、維新改革以前には府も市も単独で行うにはお金が足りず、その多くが止まっていました。そのせいで、愛知・名古屋と東京にひたすら後れを取っていったのです。その止まっていたプロジェクトがどんどん動き出しました。

大阪駅前がセントラルパーク以上の憩いの地に

大阪の顔である大阪駅の北側「うめきた」(梅田の北側の意)の再開発も、「バーチャル大阪都」のもとでやっと動き出した例です。大阪駅北側の半分ほどは、長らく空き地になっていました。東京で言えば、新橋駅近くの汐留と同じようなエリアです。国鉄の貨物ターミナルがあった汐留は、いまは電通などの高層ビルが林立する立派な街になっています。

うめきたも同様に再開発できる広大な場所ですが、ずっと空き地のままでした。

大阪市は頑張って再開発したかったのですが、お金が足りず手をつけられなかったのです。しかし大阪駅周辺は一等地ですから、大阪市は大阪府に「一緒に開発しよう」と声をかけていました。しかし大阪府もお金がないし、「あれは大阪市内だから、市がやるのが当然でしょう?」という感じで傍観し、結局、再開発は進まなかったのです。

しかし、維新のツートップ体制になってからは大阪府もお金を出すと決め、2015年以降の松井府知事・吉村市長体制のもとで、一気にうめきたの再開発が進み出したのです。うめきたはニューヨークのセントラルパークのように、いや、それよりも洗練された「緑とイノベーションの拠点」になる予定です。「まちびらき」は2024年夏の予定です。

あわせて、大阪駅と関西国際空港のアクセスをよくする新しい地下鉄「なにわ筋線」の計画も、2031年春の開業を目指して進んでいます。

じつはこの新路線についても、当初は大阪市役所はあまりやる気がありませんでした。先述のとおり、市役所内では既存の地下鉄今里筋線の延伸のほうが優先順位は上でした。確かに今里筋線の沿線市民にとっては、インバウンドの経済効果がある関空アクセスよりも大切かもしれない。議員の声も大きく、市役所はその声に応えようとしていました。

しかし、大阪市域も含めた大阪全体の発展を考えると、なにわ筋線のほうが優先順位は上でした。そこで「バーチャル大阪都」の政治主導で大阪市もなにわ筋線に取り組むと決めて、計画を進めることができたのです。

「維新ツートップ体制＝バーチャル大阪都」は、こうしていろいろな成果を上げてきています。しかし、これに対しては「維新の独裁だ。大阪市の伝統をないがしろにするのか」などと批判する学者やメディアがいます。けれども、大阪の多くの住民のみなさんはここ10年、維新の「決められる政治」を選択し続けているのです。これは、改革で大阪が「いい街」になってきていると実感されているからではないでしょうか。

幼稚園から大学まで教育無償化へ

大阪維新の会が進めてきたのは、インフラの整備だけではありません。教育や福祉など住民の暮らしの充実にも力を入れてきました。財源は、府市が一緒になって行財政改革を進めて捻出し、特に「現役世代」、生産年齢人口（15歳以上65歳未満）と子どもたちに振り向けてきました。

大阪維新の会は「現役世代を支援する」「大阪の次世代を担うのはいまの子どもたち」

という考え方に沿って、橋下府知事時代から予算を編成しています。

たとえば大阪府は橋下府知事時代から、「私立高校の実質無償化」を全国に先駆けて単独で行いました。その後、橋下さんが大阪市長になって、松井府知事とのツートップ体制になったので、同じ哲学のもとで大阪市も、市の管轄である中学生以下を支援する政策を次々と実行し始めました。

たとえば、所得制限はありますが、約半数の中学生世帯の家庭に対して、学習塾代を月1万円まで市が負担する政策を実施しています。塾代をクーポンで出すのですが、後に全国の自治体でも行われるようになりました。大阪市が先駆けだったのです。「幼稚園の無償化」(保育所は保育部分が有料、授業料部分が無償)も大阪市が全国に先駆けて行いました。

2020年からは大阪市立大学と大阪府立大学、府立高専の授業料無償化もスタートしています。本人及び親が府内在住であることや所得制限などの要件はありますが、府大・市大は修士課程まで無償化されます。

幼稚園や高校、公立大学を無償化し、塾代も支援する。教育費の負担が妨げになって、子どもを産み、育てることができないことがあってはならないという哲学のもとで、大阪維新の会は府と市の政策を動かしてきました。

公営住宅や特別支援学校のサービス底上げも

大阪維新の会は府と市の役割分担の見直しも進めてきました。目的はもちろん、住民の「よりよい暮らし」。そのための制度改革です。

たとえば公営住宅です。大阪では、多くの住民が市営住宅や府営住宅に住んでおられます。しかし、暮らしに関する身近なサービスを直接行うのは基礎自治体である市町村です。なので公営住宅は、地元に密着している市町村が運営したほうが管理はきめ細かくなります。そこで、大阪府は数年前から市町村に対して、土地も含めた各地の府営住宅を丸ごと無償譲渡する作業を進めています。

逆に、市町村よりも府が担当したほうがいいケースもあります。たとえば、高等学校です。いま大阪市には、市立高校が21校ありますが、これが大阪市から大阪府へ移管されて、2022年4月に全部、府立高校になる予定です。先生を適性に合わせて配置するには、全体の規模がより大きい広域自治体で運営するほうがいいのです。

障害を抱えた子どもたちが通う特別支援学校も、大阪市から大阪府に移管されました。教師一人当たりが担当する生徒の数が普通の中学校や高校よりも少ないので、どうしてもコストがかかります。市町村よりも府のほうが、高い水準の教育を安定的に提供できるのです。

公営住宅にしろ公立高校にしろ特別支援学校にしろ、役所のエゴや過去の経緯にとらわれず、利用者にとって最もよいサービスを提供することが最優先です。そのために大阪府と大阪市で融通し合うというのは、民間で言えば当たり前のことです。企業間でも最適な経営規模の事業体を目指して提携や事業の共同運営、M&Aが行われますが、それと同じ理屈です。

なお、今回の都構想では「現在の住民サービスのレベルを一歩も後退させない」ということを明確に約束しています。

2015年5月の住民投票の際には、都構想が実現したら「敬老パスが廃止になる」「水道料金が上がる」「公営住宅の家賃が上がる」といったデマがたくさん流れました。今回は法定協議会での議論を経て、協定書に「現在大阪市が提供している住民サービスは維持する」という文言が記されたので、デマに惑わされる人はいないと思います。

さらに財政シミュレーションによって、将来にわたって同じ水準の住民サービスを提供できる財源があることも検証済みです。だから「財布」が理由でサービスが低下したり、廃止されることはありません。

今回の都構想は、これまで大阪維新の会のツートップ体制のもとで、府市が一緒になって最適な行政サービスの提供体制をつくり上げてきたその実績の延長線上にあるのです。

むしろ都構想が実現せずに、大阪府庁と大阪市役所が別々の組織のまま残り、そこで府知事と市長が再び対立すると、これまでの維新改革で充実させてきた行政サービスのレベルが下がる可能性があります。たとえば府知事と市長が、もしも意見が対立する二つの会派の組み合わせになったら、すべてが逆回転して10年前の暮らしにくい大阪に戻ってしまうかもしれません。また、仮に自民党のツートップ体制になっても、大阪の自民党は府議会と市議会は別という考え方です。府と市は再び対立し、もしかしたら逆回転となるかもしれません。しかし、市長がいなくなり「都知事」一人になると大丈夫です。逆回転を制度上、不可能にするのが都構想なのです。

住民投票で都構想に賛成していただければ、大阪は今後もこの10年の努力を続けていくことができます。その真意をすべての大阪市民にご理解いただきたいのです。【図表14参照】

図表14 大阪都構想の4つの特別区と経済効果の予測

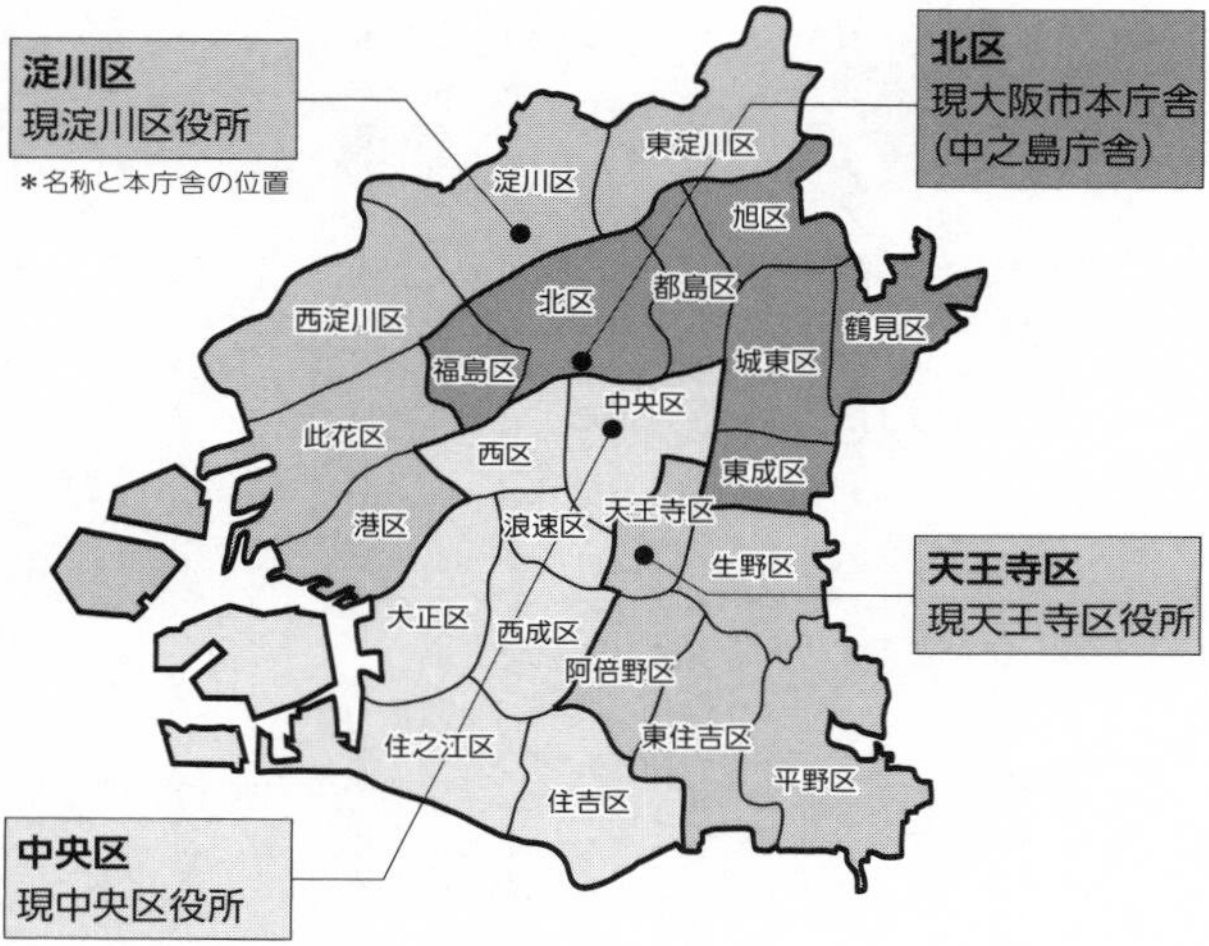

経済効果の予測

①歳出削減効果 → 1兆1409億円
（特別区の人口が自治体最適規模である50万人に近づくことによる効率化）

②産業等への経済波及効果 → 1兆1366億円
（歳出削減で生み出した財源から5000億円を公共投資した場合）

③広域行政の一元化による経済効果 → 4867億円以上
（意思決定の迅速化により計画中の鉄道等のインフラ整備が前進した場合）

出典）嘉悦大学試算

第4章　維新改革の12年を振り返る——プロセスとその成果

「維新改革」ビフォー・アフター

さて、あらためて①橋下府知事、②松井府知事・橋下市長、③松井府知事・吉村市長、④吉村府知事・松井市長と引き継がれてきた維新改革の成果を数字で見てみましょう（特記以外は大阪府）。

- 景気動向指数　2008年97・3→2017年134・2（全国平均より15・7ポイント高い）
- 開業率　2008年4・4％→2017年6・4％（東京都・愛知県・大阪府で最も高い開業率）
- オフィス空室率（ビジネス地区）　2008年12月6・82％→2019年12月1・82％（東京のビジネス地区の1・55％に近似）
- ホテル客室稼働率　2008年68・1％→2017年85・8％（2015年から3年連続全国1位）
- 商業地価（府平均）　2008年57・2万円→2020年105・2万円（底値だった2012年42・6万円の2・5倍）
- 人口流入超過（大阪市）　2008年7064人→2019年1万3762人（20政令指

定都市中で最多）

・来阪外国人旅行者　２０１１年１５８万人↓２０１７年１１１０万人（7倍に増加。増加率は全国1位）

・インバウンド訪問率（観光・レジャー）　２０１１年32・４％↓２０１７年44・１％（全国1位）

・将来負担比率（大阪市）　２００８年２４５・７％↓２０１８年46・４％（8割以上の減少）

・実質公債費比率（大阪市）　２００８年10・７％↓２０１８年４・２％（６・５ポイント改善）

・刑法犯認知件数　２００８年21万２９３件↓２０１９年8万４６７２件（60％減少）

・街頭犯罪認知件数　２００８年10万１３６７件↓２０１９年３万６４０１件（64％減少）

・ひったくり認知件数　２００８年３５８２件↓２０１９年２５４件（93％減少）

このように都市としての競争力も住民の暮らしも、あらゆる指標が「大阪が元気になっている」ことを示しています。背景にはもちろん全国的な好景気などもあります。しかし、大阪は他都市よりも明らかに勢いを取り戻しています。やはり維新改革が成果を上げていると思われます。では、その維新改革の道のりとはどのようなものだったのでしょうか。

【図表15参照】

08年、橋下府知事の誕生

地域政党「大阪維新の会」は2010年4月に発足しました。代表の橋下さんが大阪府知事に就任したのはその2年前、2008年2月のことです。なので実質的には、その時から大阪の維新改革は大阪府庁を皮切りに始まりました。さらに2011年11月に府知事選、大阪市長選のダブル選挙があって、松井府知事・橋下市長という大阪維新の会のツートップ体制ができ、府と市の両方で本格的な維新改革が進められるようになりました。ここまでの期間が維新改革の第一期と言っていいでしょう。

第二期は2011年11月から2015年12月まで。松井府知事・橋下市長体制で、ハイライトは何と言っても2015年5月の「大阪都構想」の賛否を問う住民投票への挑戦でした。2012年9月には、国政の政党「日本維新の会」も設立されています。第二期には府市のさまざまな改革が実行されましたが、住民投票で都構想が否決され、橋下さんは

図表15 維新改革の足取り

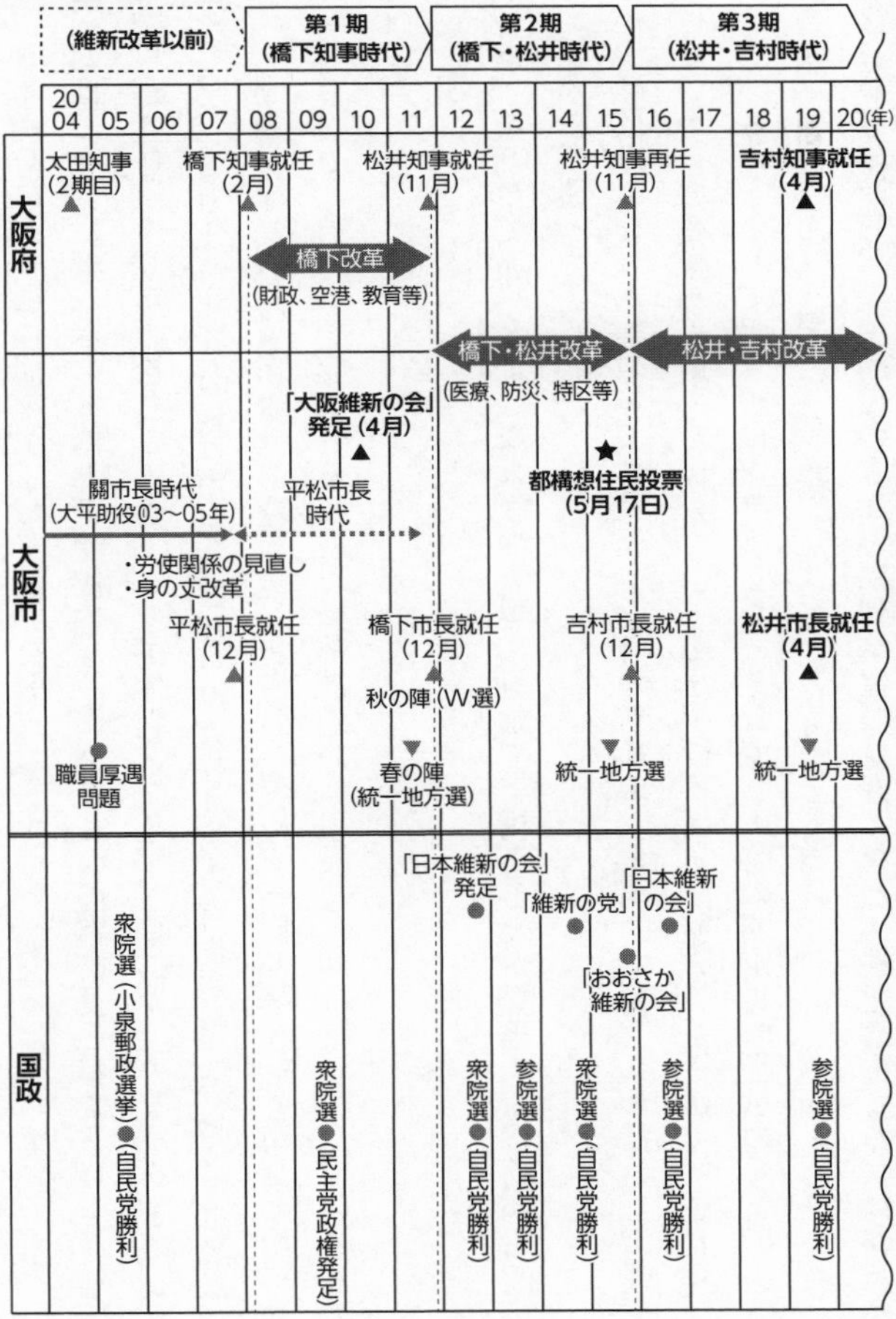
(維新改革以前)
第1期
(橋下知事時代)
第2期
(橋下・松井時代)
第3期
(松井・吉村時代)
2004 05 06 07 08 09 10 11 12 13 14 15 16 17 18 19 20(年)
大阪府
太田知事
(2期目)
橋下知事就任
(2月)
松井知事就任
(11月)
松井知事再任
(11月)
吉村知事就任
(4月)
橋下改革
(財政、空港、教育等)
橋下・松井改革
(医療、防災、特区等)
松井・吉村改革
大阪市
「大阪維新の会」
発足(4月)
都構想住民投票
(5月17日)
關市長時代
(大平助役03~05年)
平松市長
時代
・労使関係の見直し
・身の丈改革
平松市長就任
(12月)
橋下市長就任
(12月)
吉村市長就任
(12月)
松井市長就任
(4月)
秋の陣(W選)
職員厚遇
問題
春の陣
(統一地方選)
統一地方選
統一地方選
国政
「日本維新の会」
発足
「維新の党」
「日本維新
の会」
「おおさか
維新の会」
衆院選(小泉郵政選挙)(自民党勝利)
衆院選(民主党政権発足)
衆院選(自民党勝利)
参院選(自民党勝利)
衆院選(自民党勝利)
参院選(自民党勝利)
参院選(自民党勝利)

2015年12月に市長の任期を満了して政界を引退します。

第三期は、今日に至るポスト橋下の時代です。橋下さんの後継市長として2015年12月に吉村が就任。府知事の松井とのツートップ体制となり、さらに大阪の改革を進めました。そして、2019年4月には市長と府知事が入れ替わる首長選挙（府議選や市議選がある統一地方選挙と同日投票のトリプル選挙）に勝利して、吉村府知事・松井市長という体制で、2020年11月に予定される二度目の都構想の住民投票に向けて頑張っているところです。


じつは、第2章で述べたような大阪の衰退に対して、橋下さんが登場する以前から改革を求める声は高まっていました。

きっかけは、2004年の年末に大阪市役所の不祥事が全国的に報道されたこと。残業していないのに残業手当を取っているという阿倍野区役所の問題を、毎日放送（MBS）がテレビでレポートして大騒動になりました。それで、当時の關市長の指示のもと、当時助役の大平光代さん（弁護士）が改革の作業に乗り出します。

翌2005年から、大平助役のもとで福利厚生の見直しなど「綱紀粛正」のプロジェクトが始まります。上山が参加して財政改革や行政改革も始まりました。その改革の作業の中で、たとえば大阪市は他の政令指定都市に比べて職員の数もコストも2割過剰、といったことが明らかにされます。そして、同年4月からは大阪市役所の焼け太り体質を見直す市政改革が始まります。また、市政改革の進捗を外からチェックするために、北川正恭《まさやす》元三重県知事や企業経営者らから成る市政改革推進会議が設置され、上山が委員長を務めました。

この市政改革は、給与の見直しや人員数の削減目標、情報公開など一定の成果を出しました。ところが、關市長は再選を目指した2007年11月の市長選挙で、地下鉄民営化を公約の一つに掲げます。そして、民主党が推薦したMBSアナウンサー出身の平松邦夫さんに敗けてしまいます。残念ながら、市政改革はそれでいったん終わってしまいます。そして2008年3月、上山も大阪市の役職からいったん退任しました。

しかし、2008年1月には自民党府連推薦・公明党府本部支持で橋下さんが府知事選に立候補して当選、2月から大阪府知事になります。そして橋下さんは、すぐに上山を府の特別顧問に起用し、橋下改革が始まりました。

橋下さんが府知事になった当初、世間には「タレントが人気の上に乗っかって当選しただけやろ。若いし大丈夫かいな?」と感じていた人もいたようです。

しかし府の職員の中には、もともと財政再建に取り組んでいた人たちがいました。彼らの協力に加え、橋下さんは外部の特別顧問や特別参与を積極的に起用し、既得権益や無駄な補助金を削るといった改革に2~3年でめどをつけました。

たとえば、2007年まで10年連続の赤字だった大阪府の実質収支(一般会計決算)は、2008年から黒字に転換しています(以後、11年連続の黒字)。また、災害対策など急な支出に対応するための財政調整基金は、2007年にはわずか13億円でしたが、2008年の383億円から増加傾向に転じています(2018年には約1489億円)。

一方、橋下府知事には「削るばかりでなく成長戦略と投資が必要」という意識が、就任当初からありました。どん底の大阪の経済を何とかして立て直したいと強く思っていたのです。特に意識していたのは、先にも述べた関西国際空港の再生と教育の再建です。加えて、「りんくうゲートタワービル」など、大阪府関連の不良債権の処理も急ぐべきと考えていました。

教育改革については、自分でしっかり稼げる人間をつくらないといけない。経済再生のためにも人材の育成は必須と考えました。まず「教育非常事態宣言」を出しました。小中学生の全国学力テストの結果の公表をめぐる議論や「クソ教育委員会」発言などが話題になりました。

要するに、橋下さんは行政改革や財政再建にはわりと早い段階でめどをつけてしまった。そして関空問題や不良債権の処理、教育改革など都市の発展の素地をつくることに、しだいに力を向けていったのです。

そして、国交省と関空問題で交渉などをしていくうちに、国と地方の権限問題や、大阪における根本課題である「府市合わせ」の深刻さを痛感します。たとえば先述のとおり、当時の大阪市長の平松さんと「府・市の水道事業を一体化させましょう」と意気投合して、統合化を進めようとした。しかし府議会も市議会も反発して、ぜんぜん前に進まない。そこで橋下さんは、「結局、何をやるにしても府と市がぶつかる」と悟ります。そして、「大阪府だけで大阪は再生できない。やっぱり大阪府と大阪市を一緒にしないとダメだ」と、ますます強く思うようになるのです。

10年、大阪都構想を掲げ、地域政党「大阪維新の会」が船出

２００９年12月25日、クリスマスの夜に大阪府庁近くのレストランバーで橋下府知事、浅田均府議、当時府議の松井の三人が会合を開いていました。そこで松井が橋下府知事にこう切り出します。

「府とか市とか超えて、ワン大阪にしよう。新しいローカルパーティーを旗揚げせなあかん。橋下さんにトップになってほしい」

地域政党（ローカルパーティー）の設立は、浅田さんの長年の持論でもありました。府知事就任直後から、橋下さんは「自民であれ、民主であれ、既存政党は何事も東京の本部で決めて地方はそれに従う構造になっている。地方の意向が反映されない党運営をしている。国の分権化には政党の分権化も必要だ。そのためにはローカルパーティーというかたちがいい」という浅田さんの話に、強い関心を持っていたのです。

年が明けて２０１０年1月、橋下府知事は「大阪都構想」を発表。同年4月には、自民党出身で当時は府議だった松井や浅田さんたちと、ついに地域政党・大阪維新の会を立ち上げるわけです。

そして1年後、都構想を掲げる大阪維新の会は、2011年4月の統一地方選で、府議会の過半数を獲得します。また、大阪市議会でも一気に第一党になります。吉村は、この時に初めて市議選に出馬して当選しています。そして府議会では、大阪維新の会は議員定数の2割削減を採決（市議会は自民・公明・共産・OSAKAみらいの反対で否決）。これは当時の地方議会の常識ではあり得ない画期的な「身を切る改革」でした。

すでに府議会では、選挙前の2011年3月に大阪維新の会の主導で議員報酬の3割削減（市議会は自民・民主・共産の反対で2割削減に）が採決されていました。この定数削減はそれをはるかに上回るインパクトをもたらしました。

大阪維新の会は、いわばベンチャー政党でした。最初は代表の橋下さんの人気も手伝って躍進しました。しかし、こうした身を切る改革をはじめ、さまざまな改革の実績を積み上げることで、大阪を再生する与党としての信用をしだいに獲得していきました。

「身を切る改革」をめぐる守旧派との攻防

府議会の定数削減は統一地方選の直後に大阪維新の会が議案を出し、1カ月後には議決しました。自民党など他の会派は「そんなことは、いきなりできるはずがない」と思っていたので大騒ぎになりました。どこの議会でも「議会改革」と言うと、まず議会検討委員会のようなものをつくって、各会派の代表が出てきます。たいていはそういう与野党の密室協議で、ああでもないこうでもないと議論して、3年くらいが過ぎてしまう。そして、選挙まで1年というところで、「まあ、次の選挙はいまのままで」と先延ばしで終わる。これがそれまでの議会改革のパターンでした。

当時の大阪でも新聞報道で、「民主主義の根幹をそんなに簡単に、一票の格差の話もせず、一挙に枠だけ削るのは横暴だ」などと批判されました。記者も「松井さん、何もまだ4年も任期があるんやから、もう少し丁寧な議論が必要でしょ」と聞いてきたりしました。しかし、当時大阪維新の会幹事長の松井は「いま盛り上がっていて改革の熱がうなっている。そういう時に決めへんでどうすんねん」と切り返しました。

大阪維新の会は、5月にいきなり府議会に議員定数削減案を提出しました。自民党から共産党まで他の会派は全部が反対します。6月の採決の時には、野党が議場に机でバリケードを張って抵抗しました。それを維新の府議たちが擦り傷をつくりながらどけて、当時、単独過半数を持っていた大阪維新の会が主導して採決したのです。

しかし、大阪市議会では過半数が取れていなかった。そのため維新単独での採決はできず、定数削減はできませんでした。ただ第一党になったので、平松市長に対して「これはおかしい、あれもおかしい」と、議会でがんがん攻めたわけです。

大阪維新の会の市議団は「市政改革検討委員会」を設置しました。会議が開かれる時には橋下府知事と府議の松井が市役所に傍聴に行きました。向こうから見たら、まるで殴り込みに見えたかもしれない。市役所の廊下を歩いていたら、他党の議員や市の職員たちが「こいつら何しに来たん？」といぶかしがっていました。

当時はこうした動きに加えて、水道事業の府市統合などをめぐる橋下府知事と平松市長の対立などが起こり、府市の二重行政の問題がしだいに府民・市民に広く知られるようになります。

11年秋、ダブル選挙でツートップ獲得、「バーチャル大阪都」が始動

２０１１年11月には、橋下さんが３カ月の任期を残して府知事を辞めて、大阪市長選に立候補します。知事が辞めたので市長選とのダブル選挙になった府知事選には府議の松井が立候補して、二人とも当選します。主な公約は「職員基本条例」、「教員基本条例」、「地下鉄民営化」、そして「大阪都構想」でした。

市長が知事になるというのはよくありますが、知事が市長になるのは極めて異例でした。おかげで大阪の人にはもちろん、全国的にも「府市の対立はそこまで深刻なのか」と知れ渡りました。

これが今日まで続く大阪維新の会によるツートップ体制の始まりです。ここから府と市の連携、つまり「バーチャル大阪都」のもとでの維新改革が一挙に前に進み始めます。

その司令塔となったのが、2011年12月に発足した「府市統合本部会議」であり、その実行部隊である「大阪府市大都市局」です。これは、広域行政の一元化と二重行政の解消を組織的に裏付けるもので、府市それぞれから職員が併任するかたちで参画し、実際の行政執行の面で一緒にできることに取り組み始めます。これはバーチャル大阪都の先取り組織の発足です。そして、府市両方の特別顧問になった上山や特別参与となった経営コンサルタント、会計士、ITエキスパートなどの専門家らが改革を後押ししました。

府市統合本部では、府と市で重なっている公共施設の一本化や外郭団体の廃止、地下鉄・バスの民営化など、改革案件を洗い出し、次々と分析の俎上に載せていきました。データを取る、現場を見る、ヒアリングをする、他の自治体や企業と比較する。こういった企業分析の手法がどんどん導入されていったのです。府市統合本部の仕組みによって「政治力」も強化されました。国に対して大阪府・大阪市それぞれが単独で要望するという従来のやり方では弱かったものが、府市が一体となって要望することで強い発信力を持ったと思います。

府市統合本部は司令塔としてうまく機能し、多くの分野で広域行政の一元化と二重行政の解消が進みました。前述のように、府と市がそれぞれ持っていた大学や公衆衛生研究所、信用保証協会を統合する案をはじめ、二重行政の無駄の排除と広域行政機能の拡充の検討が全分野で本格化しました。

インフラ投資のほうでも、ストップしていた淀川左岸線（道路）の延伸やなにわ筋線（鉄道）の新設などに府と市がお金を出し合うことで合意して、どんどん動き始めます。インバウンドの推進などもこの頃から本格化しました。大阪府が橋下知事時代から掲げていた「価値創造都市」（成長を牽引する企業や人材が生まれ育ち、交流して新たな価値を生み出す都市）と「中継都市」（世界と日本を結ぶ玄関口としてヒト・モノ・カネが集散する都市）を目指す施策も次々に実行されていきます。

ところが、府と市でバラバラだった組織を統合する動きが始まったとたん、政治的には大きな対立を呼びました。特に維新が過半数を持たない大阪市議会は荒れに荒れました。

たとえば大阪市営地下鉄の民営化案は2回も否決されました。

都構想を進めるための「法定協」も停滞します。それで橋下さんは任期途中に辞職し、2014年3月に「出直し市長選」に打って出ます。そして、直接大阪市民に都構想の是非を問います。その再選を経て、2015年5月には大阪都構想の賛否を直接、大阪市の住民に問う「大阪市特別区設置住民投票」が行われました。結果は反対70万5585票、賛成69万4844票。わずか1％弱の得票差で、大阪都構想は否決されます。

15年春、住民投票に敗れるも、全国初の「改革」が目白押し

この「敗北」を受けて橋下さんは政界から身を引きます。しかし、大阪の改革という点では2011～2015年の橋下・松井時代に基本的な道筋ができました。そして、のちの吉村・松井時代に実現したことも含め、たくさんの実績を残しました。

たとえば、「身を切る改革」としては、先述の府議会議員の定数2割削減、報酬3割削減のほかに、府知事の報酬30％削減と退職金の0円化、市長の報酬40％削減と退職金の0円化。市の職員給与の平均7％カット（副市長は14％カット）と職員数の31％削減。また大阪市の天下りについては73％減（2011年と2016年の比較）と人数が大幅に減りました。この他にも徹底的な無駄の見直しが行われ、大阪市では4年間で2102億円の財政効果があったのです。

コストカットだけではありません。子ども教育予算を橋下市政以前の約67億円から約537億円（2018年度）へ約8倍に増額するなど、府市ともに次世代への投資を大幅に拡充しました。以下、主な実績を列記してみましょう。

- すでに行われてきた公立高校無償化に加え、私立高校や各種専門学校を実質無償化（府・年収590万円未満無償、910万円未満一部負担）
- 中学生の塾代助成制度を導入（市・月額1万円）
- 中学校給食（府が補助制度をつくり、各市町村の教育委員会が実施）
- 小中学校の給食費の無償化（市・2020年4月より）
- 幼児教育の無償化（市・3歳児から。認可外保育園も無償に）
- 大阪府大・市大の授業料の無償化（年収590万円未満は全額無償、910万円未満は一部支援）
- 0歳から高校生まで医療費1日500円（市・3日目から無料、12歳以上は所得制限あり、2020年現在）

図表16 維新改革による大阪市のバス事業の収支改善

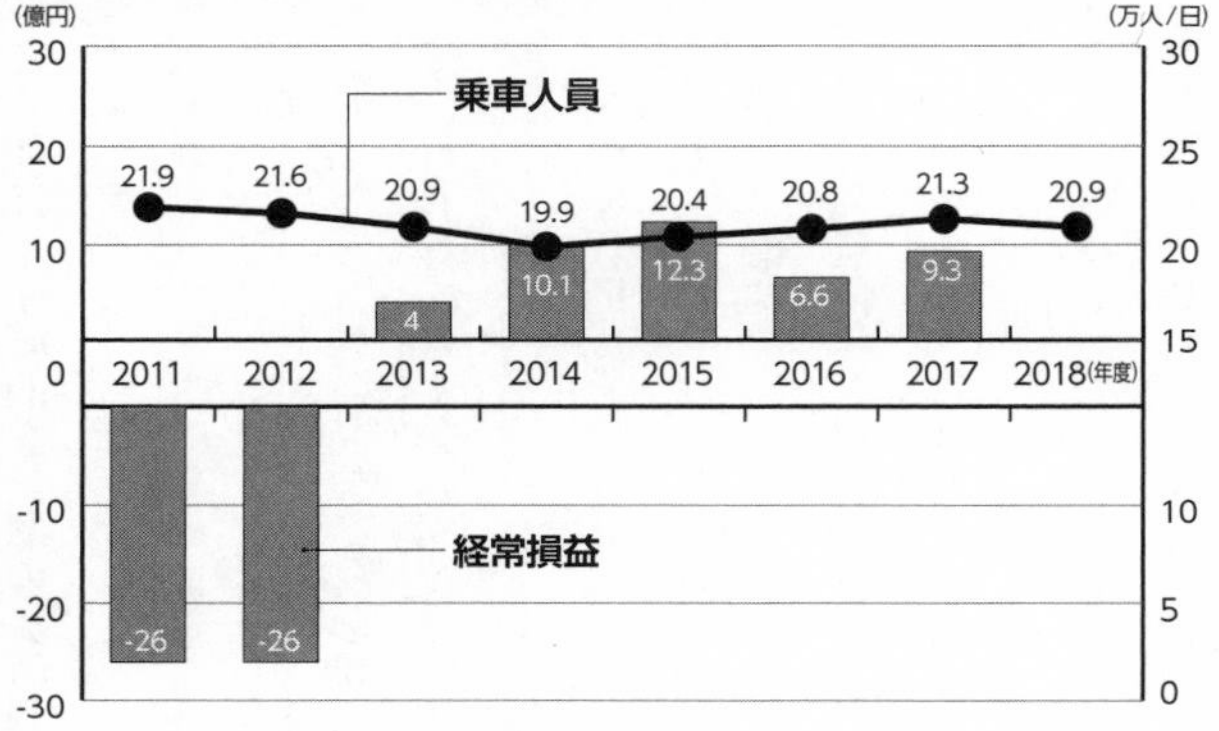

出典）地方公営企業年鑑　※2018年度の乗車人員は大阪市統計書

・小中学校への授業用タブレット端末導入とクーラーの設置（市・2017年3月、全校達成）

・教員の初任給を大幅引上げ（市・2019年に対前年比12・4％増）

・認可保育所など毎年大幅増設。待機児童数は、わずか20人に（市・2020年4月時点）

・妊婦健診の無償化（市）

もちろん、大阪維新の会が実現した改革は、子育てと教育に対する支援だけではありません。暮らしや高齢者にかかわる施策も拡充されました。こちらも主な実績を列記しておきましょう。

・水道料金の値下げ（市）

・防犯対策の強化（市）

●特別養護老人ホームに入居できない待機高齢者をゼロに（市・入所定員数を1万4500人に拡大予定）
●一人暮らしや寝たきりの高齢者などの見守り事業（市）
●治安改善のため堺市に警察署を新設（府・2021年オープン予定）
●インバウンド推進のための商店街の振興（道頓堀の遊歩道「とんぼりリバーウォーク」整備など）
●市営地下鉄の終電時間の延長（2013年）、運賃値下げ（2014年、2017年）、トイレや売店の改修
●バス事業の収益改善（市）【図表16参照】

このように、2008年からの大阪の維新改革では、府と市の行財政改革や政策の刷新がかなり進んだと思います。

吉村・松井ツートップ体制のもと、着々と実現する「成長戦略」

橋下さんの引退を受けて、2015年11月の府知事選、市長選のダブル選挙には現職府知事の松井に加えて、衆議院議員だった吉村が大阪に戻って市長選に立候補します。

選挙戦当初は、現職の松井はともかく、住民投票に敗れた橋下さんの後継の吉村の当選は厳しいかもしれないと言われ、大阪の人は固唾をのんで見守っていました。ところが終わってみれば、対立候補に19万票の差で当選しました。現職府知事の松井もダブルスコアで再選を果たします。

松井・吉村の維新ツートップ体制が支持されました。これは「維新改革の路線はそのまま続けてほしい」という民意の表れだったと思います。

2011年のダブル選当時は、一般市民にとってわかりやすい目に見える成果は私立高校の実質無償化など、限られていました。維新改革の実績は、数字で見て目覚ましいとはまだ言えない状態でした。

けれども2012年頃から、生活保護の受給者数が頭打ちになり、インバウンドが増えてきます。景気のおかげもあって、維新改革の成果がだんだん実感できるようになります。そういうこともあって2015年11月の選挙では、「都構想には反対やけど、維新の改革はええやん」という人たちも投票してくれた。ツートップ体制による改革の継続が現役世代を中心に支持されたのだと思います。

松井・吉村体制では、2017年3月に市議会でずっと否決されていた市営地下鉄の民営化——日本初の公営地下鉄の民営化——が可決されます。また府立大学と市立大学の統合が進んだり、いろいろな改革が目に見えて前に進み出しました。

たとえば大阪市は、教育プログラム「国際バカロレア」を導入した日本初の「市立中高一貫校」（施設は公営、スタッフは民間人）を2019年4月に開校しています。また、企業立地の減税など制度改革にも手をつけ始めます。

しかし、松井・吉村ツートップの成果として最も華々しいのは、2018年11月に決定した「2025年万国博覧会」の大阪開催でしょう。さらにその後の2019年4月の首長選挙では、市長と府知事が入れ替わりましたが、府政・市政は安定的に推移し、同年6月の「G20大阪サミット」も大成功に終わりました。そして、継続してIR、カジノを含む統合型リゾートの夢洲への誘致を目指しています。

ツートップは一体ですが、それぞれに個性がないわけではありません。松井が力を入れているのはヘルスケアなどの「医療戦略」。吉村は「スマートシティ戦略」です。いずれも高齢化問題にも対応する政策であり、大阪の成長戦略の両輪になっているわけです。

以下、IR、2025年の万博以外の、大阪の成長にかかわる主な「青写真」も列記しておきます。【図表17参照】

図表17 大阪の今後の成長を支える主な出来事

これまで（2013年〜）

年	
2013	グランドフロント大阪開業、あべのハルカス開業、大阪観光局設立
2014	関西圏国家戦略特区指定（医療イノベーション拠点）
2016	関空等運営権売却
2017	大阪国際がんセンター開院、阪神圏の高速道路料金体系一元化（シームレス料金）、淀川左岸線延伸部事業着手
2018	健都まちびらき
2019	おおさか東線全線開業、百舌鳥・古市古墳群世界文化遺産登録
2020	阪神高速大和川線全線供用

今後（2021年〜）

年	
2021	大阪中之島美術館開館（2021年度）
2023	新名神高速道路全線開業（2023年度）
2024	うめきた2期先行まちびらき
2025	日本万国博覧会
2020〜2040年代に順次	統合型リゾート（IR）、北陸新幹線大阪開業、リニア中央新幹線大阪開業

- 21年、大阪中之島美術館の開業
- 22年、新今宮の星野リゾート開業
- 23年春、JR大阪駅に「うめきた（大阪地下駅）」が開業（31年、南海乗り入れ）
- 24年夏、「うめきた2期」のまちびらき（JR大阪駅北側の再開発区域。9万平方メートルのうち、半分が緑豊かな都市公園、半分がオフィス、商業施設、ホテル、マンションに）
- 24年、大阪メトロ中央線の夢洲延伸
- 25〜30年、京阪中之島線の延伸
- 31年、阪神高速淀川左岸線延伸部の完成

大阪維新の会ができるまで――始まりは06年、「府庁建て替え」論争

この章の最後に、大阪維新の会がどのよう

にして誕生したのか、経緯を振り返っておこうと思います。

話は、松井一郎が2010年に自民党を離党する以前の2006年にさかのぼります。当時、大阪府庁の建物の耐震性が問題になって、庁舎建て替えの議論が盛んに行われていました。同年1月末に専門家から「震度6強から7程度で倒壊する」との報告があったのです。

庁舎の本館は1926年の竣工で、現役の都道府県庁舎の中で最も古い建物です。建て替えの議論自体は80年代後半から出ていました。東京では都庁が丸の内から西新宿に移転し、新庁舎が1991年に竣工していました。大阪府庁の建て替えの話も府議会で出ました。しかし結局、バブル崩壊などで財政が悪化し、立ち消えになっていました。

それが2006年、太田房江府知事の時代に再燃したのです。職員は耐震性問題を持ち出して太田さんを説得します。府議たちも呼応し、いよいよ検討のテーブルに載ってきます。

しかし、当時の大阪府の財政は9年連続赤字で、減債基金(府債の償還財源となる基金)から積立を流用するという最悪の状況でした。そこに、1000億円をかけて超高層の新庁舎を建てる案が出てきた。裏では役所と自民党府議団の執行部の間で内々の話がついていたのでしょう。しかし、それがいよいよ現実味を帯びてきた時に、当時府議1期目の松井など自民党の一部が徹底的に反対しました。

自民党では、何の案件でも表に出てきた時点で、政調会などで議論が行われます。建て替え案についても自民党の議員団総会で「最低の財政状況で、自分たちが入る庁舎や議会棟に1000億円も使うなんて、府民の理解を得られへん」と、一部のメンバーが大反対キャンペーンを行った。府議の松井や浅田さん、東徹さん（現参議院議員）など、いまでは大阪維新の会、日本維新の会に来ている10人ほどのメンバーです。

当時、自民党の府議で一番のベテランは京極俊明さんでした。執行部も議長も経験している大阪の自民党の重鎮で、その時はもう顧問のような存在です。当時の執行部は4期、5期の議員が握っていて、京極さんのような大ベテランは議員団総会などでは黙っている。ただ、影響力はすごくあるわけです。

自民党として賛否を決めるぎりぎりのタイミングで、たまたま中之島のリーガロイヤルホテルで自民党のベテラン府議のパーティーがありました。松井たちは会場で猛烈な反対キャンペーンを行っていました。パーティー後も、ホテルの部屋を取って京極さんなどベテラン議員たちと協議を続けました。

松井たちは「絶対あかん、あかん」と言い続けて、夜中まで会議を引っ張った。すると、ついに京極さんが「やっぱり筋から言うたら、松井くんが言ってることが正しい」と、反対に回ることを決めてくれたのです。

京極さんをはじめとするベテラン議員の判断をきっかけに執行部も折れて、自民党内では「建て替え経費1000億円」案はついにボツになりました。

太田府政から橋下府政へ——府庁のWTCビル移転問題で自民党に「絶望」

松井は府議2期目に自民党府議団の政調会長となり、太田府政の検証を行っていました。そして2期続いた太田府政がどれほど大阪にとってマイナスだったか、さまざまなデータとともに明らかにしました。そして、府議団の中で「太田さんは次の大阪府知事として、我々自民党が再選を推薦できる人物ではない」と主張しました。

そんな中で、2007年11月に太田府知事の金銭スキャンダルが発覚します。太田さんの東京の政治団体が太田さんの親族が住むマンションの費用を事務所経費に計上していたことや、中小企業経営者らとの会合で10回ほど講演して、1回につき100万円もの謝礼を受け取っていたことなどが報道されました。それでも太田さんは2008年1月の府知事選に3期目を目指して立候補するつもりでいた。しかし、これまで推薦してきた自民党は不支持を表明します。政調会の検証結果に加え、金銭スキャンダルが決定打になりました。太田さんは12月になって出馬断念を発表しました。

この太田さんに代わって自民党が推薦したのが、2008年2月に府知事に就任した橋下さんでした。

さて、1000億円の建て替え案がボツになったとはいえ、大阪府の庁舎が「震度6強以上で倒壊する」という問題自体は残っています。そこで働く職員や訪ねてくる府民の安全にかかわる問題なので、当初から橋下さんも「何とかしなければ」と考えていました。ちょうどその頃、大阪市が南港の咲洲に建てた超高層ビル「大阪ワールドトレードセンタービル」(WTC)が2回目の経営破綻をするとわかりました。南港は中心部からは少し離れています。しかし大阪府庁に訪ねてくるのは主に事業者です。基礎自治体ではないので、一般の人の来庁はあまりありません。「だったら、WTCビルを庁舎に活用できないか」という提案が橋下さんから出てきます。

庁舎移転については府議会の特別議決による3分の2以上の同意が必要です。松井のグループはWTCビルへの移転賛成派でしたが、自民党の中は大揺れになりました。ベテラン議員たちは、昔から庁舎が建っている「大手前」という土地のブランドに固執していました。確かに市民の間で「大阪市役所は中之島、大阪府庁は大手前」というイメージが定着しています。加えて、ベテランが引っかかっていたのは、「大阪市が経営に失敗したビルに大阪府庁が入るのか」「南港は不便」といったことでした。

こうした感情論に対し、松井たちは合理的に反論します。「いや、不便な場所とは言っても、大阪市のベイエリアだし、1200億円かけた立派なビルだ。フロアもほとんど空いている」と。橋下さんは「南港に本拠地を構えることで、ベイエリアの開発の拠点になる」とも主張しました。

そもそも大阪府庁は、大正末期に現在の大手前に移転してくるまで、ベイエリア近くの江之子島にあったのです。そういう歴史を知っているはずなのに、「府庁は昔から大阪城のそばや。太閤秀吉の頃からそこやった」と、わけのわからないノスタルジーを語り出すベテラン議員まで出てきて、自民党の中は賛成・反対で大激論になりました。

自民党だけでなく、公明党も民主党も党内でもめていました。しかし、当時の橋下さんは大人気でした。なので橋下さんが推すWTCビルへの移転案に真っ向から反対するというのはどの党にも難しかった。だから各党とも表向きの結論は、しだいに「財源のこともあるし合理的に考えると、空いたビルを使う提案は正しい」という雰囲気になっていきました。自民党は最終的に多数決を取ることになります。松井たちは若手の賛成票を取りまとめます。そして党としてWTCビルへの移転に賛成という決定を下しました。

さて、いよいよ府議会本会議場での採決です。党議拘束をかけた自民党は49票だから、公明党と民主党の移転賛成票を足して3分の2を超えるかもしれないと松井たちは思っていました。ところが、開票結果は移転賛成がわずか48票でした。民主や公明の賛成票を考えると、自民党議員の相当数が党議拘束を破って反対票を投じたのです。

本来、府議会の多数決というのは議場での立ち座りです。ところがこの時は、自民党の一部の人たちが公明党や民主党と組んで、わざわざ無記名投票にしました。大人気の橋下さんの目の前で立ち座りして、「反橋下」と思われるのが嫌だったからでしょう。無記名投票としたために、自民党員から多数の裏切り者が出てしまったのです。

松井は愕然とします。「自民党という組織の府議会議員でありながら、自分たちで決めた多数決の結果を否定する。党内では多数決に参加したくせに、議場では無記名をいいことに、平気で決定を反故にする人たちがいる。自民党にはガバナンスがない」と。

それまで、松井は「自民党を変えれば、大阪を変えられる」と思っていました。ところが、いざ自民党の中で多数を取っても、他の政党と密室談合、裏で手を握って決定を覆されてしまう。「そんなところでいくら政治をやっても仕方がない」。松井はその日のうちに仲間を集めて、「自民党を出る」と決めたのです。

「密室政治」打破を掲げ、新会派「自由民主党・維新の会」を旗揚げ

2009年4月、松井たちは府議会の自民党会派から独立して、まず6人で新会派「自由民主党・維新の会」（代表・今井豊、幹事長・井上哲也、政調会長・松井一郎、以下「自民党・維新の会」）を立ち上げました。自民党を出ると決めていたけれども、あえて自民党を名乗ったのは「俺らこそが多数を取った。こっちが本当の自民党やろ」という強い思いがあったからです。

維新の会という名前は、橋下さんが府知事になった時に、いままでの常識を変える、役所を変えるという意味で「大阪維新」と言い続けていたのを、そのままもらったのです。

自民党・維新の会が最初に取り組んだのは、議会の議決では無記名投票ができないようにする運動でした。「議員は選挙で選ばれた公選職。そんな人間が議会で議案への賛否の投票を無記名でするのはおかしい。議員なのだから責任を持って、自分がこう判断したと

いうのを世の中の人に見てもらうべきだ」と主張したわけです。

当時の府議会には、密室で話し合われる取り決めがたくさんありました。たとえば、議会の会期や質疑方法などについては公開の議会運営委員会にかけずに、その前に各会派の代表が出てくる密室の議運理事会で、あらかじめ「今回の議会はこうや、ああや」と相談し、「申し合わせ事項」を決めます。そこでまとまらない場合には、議会運営委員会にもかけない。密室の理事会で継続して話し合うのです。

ちなみに、この議運理事会というのは正式な会議ではありません。議会の規則で議会の運営を決める会議と定められているのは、あくまでも議会運営委員会というオープンな会議です。議運理事会は任意の会合に過ぎない。しかし、「議運理事会で全会一致で承認できないものは議会運営委員会にかけない」という長年の慣習が定着していました。

新会派として自民党・維新の会も、議運理事会に初めて参加しました。そこで「この議運理事会というのはどういう位置付けですか」と切り出します。すると「これは議会運営委員会を開くための前さばきの会だ。議運理事会で全会一致にならない話は、慣例で議会運営委員会にはかけない」という答えが返ってきた。そこで「この理事会は正式な会議なんですか」と確認すると「いや、これは調整だ」と。「申し合わせ事項というのは何ですか」と聞いたら、「あくまで申し合わせだ」という返事。自民党・維新の会は「そんなものには従えない」と言って退席しました。それ以来、議運理事会に呼ばれなくなります。そして、さらに自民党・維新の会は、オープンな議会運営委員会で「理事会ではおかしなことをやっている」「無記名投票は卑怯だ」などと訴え続けました。他の会派からは「あいつらは無視。どうせ次の選挙でおらんようになる」とか「あんなんは、自民党が割れたんじゃなくて欠けただけや」と嘲笑されたりしましたが、気にもとめなかった。とにかく理事会の密室談合ぶりをどんどん暴露していったのです。

そのうち、自民党の一部に「やっぱり、このままではいけない」と言う議員が出てきました。橋下さんも「こんなおかしなことを議会はやっている」とメディアで発言する。府議会のおかしさがどんどん世間に広まると、自民党の中でも「こんなことをしていたら世間に守旧派と見なされ、支持が得られなくなる」と考える議員が増えていった。松井たちも「そんなとこにおったら、改革なんかできへんよ」などと声をかけ、維新に移るように勧誘をする。やがて2009年10月には、当時の自民党府議団の幹事長の浅田さんら5人も自民党から独立して、「自民党・ローカルパーティー」という新会派をつくりました。

「誕生」は09年クリスマスの夜

じつは、松井は自民党・維新の会を立ち上げるにあたって、橋下さんに「2010年4月に新党を発足させて、2011年4月の統一地方選挙で勝負をかける」と伝えていました。橋下さんは「松井先生、ぜひやってください」と応じました。お互いに「根本から徹底的に改革してやろう」と意気投合したのです。さすがにいきなり自民党・維新の会のトップが橋下さんというわけにはいかなかった。けれども、当初からいろんなやり取りはしていたのです。

そして2009年の12月25日、クリスマスの日に松井が「忘年会やろう」と橋下さんと浅田さんを誘います。その忘年会の席で「根本から徹底的に改革するんやったら、もう大阪都構想をやろう。ワン大阪や」と松井が言い出した。「ワン大阪で改革」という案に橋下さんと浅田さんも乗った。そこでついに「都構想を目指して橋下トップで、大阪維新の会をつくろう」と三人がまとまったのです。

ただ誤算もありました。その時、橋下さんは「いきなり年明けにそれを言ったら、2月の議会の予算案件に響く。時間を置きましょう」と言っていました。松井も浅田さんも

「せやなあ」と応じていました。

ところが2010年1月12日、公明党大阪本部の新春年賀会で、来賓に招かれていた橋下さんが、いきなり「大阪府と市の二重行政を解消する大阪都構想をやります」と挨拶したのです。横に平松市長が立っていましたが、彼にしたら、おそらく「この人、何言うてるんやろ」と、狐につままれた感じだったでしょう。さらに橋下さんは、翌13日に報道陣に対して「都構想のためには相当な数の議員の賛同を得ないといけない。4月からその活動を始める」と、新党結成まで宣言したのです。

松井と浅田さんは驚いた。しかし橋下さんは「つい言っちゃいました」と、気にするそぶりも見せません。もっとも松井たちは、もともと「根本から徹底的に改革しよう」と運動を始めたので、この急展開も望むところでした。

正々堂々、統一地方選を戦うために自民党を離党

こうして2010年4月、大阪維新の会は府議27人、大阪市議12人で発足しました。ただし、この時は政党の籍は大半のメンバーが自民党のままでした。つまり、ナショナルパーティーは自民党のまま、ローカルパーティーとしての大阪維新の会で始めたわけです。

いかにも中途半端な状態ですが、自民党にとっても松井たちにとっても、当時はそのほうが都合がよかった。自民党の都合は、2010年7月にある参議院選挙です。橋下さんの人気がすごくて、ここで敵に回したら自民党の支持率が下がるのは明らかでした。だから、参院選が終わるまで大阪維新の会を飼い殺しにしておく作戦を取ったわけです。大阪維新の会のほうも、自民党と正面からケンカすることに、まだ躊躇しているメンバーが少なくなかった。松井にしても、父・松井良夫が府議会議長まで務めた自民党の重鎮だったこともあって、当初は「大阪の改革なんだから、とりあえず国政は自民党でええやん」と言っていました。

ところが、大阪維新の会が2011年4月の統一地方選に向けて候補者の公募を始めたとたん、自民党から猛烈な反発が出ます。それはそうでしょう、自民党の府議会議員や大阪市会議員にしたら、自分の選挙区に大阪維新の会が真っ向から対抗馬、つまり敵を立ててくるわけですから。「あんなやつら、早いこと切ってしまえ」と大騒ぎになって、ついに幹部が「参議院選挙が終わったら、離党せえ。離党せんかったら除名や」と言い出した。それで「そこまで言うなら、離党しよう」となりました。

しかし自民党から離党するというのは、なかなか支持者に説明しにくいものです。後援会が心配して、必ず「おまえ、アホか。維新の会なんて一時のもんやんか」などと説得します。

松井にしても父親時代から続く自民党の後援会があります。幹部が100人もいて、「待て。そんなむちゃくちゃするな」と諫める声が多かった。そんな中で、父・良夫は否定的なことは一切言わずに、「もうおまえが当事者やから、好きにせえ」と背中を押してくれました。自民党の幹部が何人も良夫に電話してきて「松井先生、一郎くんみたいに跳ね返っていたら干上がってしまう。彼の将来を考えたら、ここは説得したほうがええんちゃいますか」などと言ってくる。しかし「うちの息子は親の言うことも聞けんのに、おまえらの言うことなんか聞けんぞ」と取り合いませんでした。

さて、自民党を離党した新党・大阪維新の会は、代表・橋下府知事、幹事長・松井府議という体制で、さっそく2010年5月と7月にあった大阪市議の福島区と生野区の補欠選挙に新人候補を立てます。結果は、どちらの新人も当選。来るべき2011年4月の統一選挙に向けた十分な手ごたえも得られました。

初めての公募候補・吉村弁護士――「たかじん推薦」で急転身

2011年4月の統一地方選の候補者公募に手を挙げた若者たちの中に、大阪市でやしきたかじんさんの顧問弁護士を務めていた河内長野市出身の吉村洋文がいました。

当時の大阪は「橋下新党が大改革をやる」という空気にあふれていました。そんな中で、吉村はたかじんさんから、こんなふうに言われます。「橋下くんは大阪を本気で変えたいと思っている。でも、府も市も議会が古すぎて何をやっても変わらへん。大阪を変えるには議会を変えなあかん。それで、大阪維新の会という大きな塊をつくって、議会に一大勢力をつくろうとしている」と。そして「吉村くんは、いま弁護士をやってるけど、橋下くんと一緒にやってくれへんか。オレ、絶対おもろいと思うねん」と、政治家への転身を勧められました。こうしたこともあって吉村は大阪維新の会に加わることを決めました。

たかじんさんと橋下さんはめちゃくちゃ仲がよかった。橋下さんから松井に「吉村さんという人が公募します」と連絡があって、「ほんなら、一回会おうか」ということで、初めて松井と吉村が会いました。

「どこで出る？」と松井が聞くと、「家が北区なので北区の市議選で」という答え。北区の市議選は当時3人区で、大阪維新の会には先祖代々で市議を務めている美延映夫《みのべてるお》（現衆議院議員）という3期目を狙う現職がいました。同じ党の新人にとっては苦戦必至の選挙区です。「それでもやる？」と確かめると「やります」と。こうして吉村は北区で大阪市会議員選挙に立候補することが決まります。

また、松井は初めて選挙に出る吉村に対し、「選挙がどんなものか、広田和美さんがいまやってるから見に行くといい」とアドバイスします。2010年5月、福島区で大阪市議の補欠選挙が行われているタイミングでした。その選挙戦の様子を見て、吉村はあらためて覚悟を決めたのです。

そして2010年9月、吉村の名前は正式な公認候補者として発表されます。

選挙戦といっても大阪維新の会は人数も少ないし、お金もない。候補者個人に何か特別な支援団体がついているわけでもありません。とにかく大阪維新の会には、組織票がない。だから「街頭演説」を徹底的にやるしかありません。代表の橋下さんと幹事長の松井も、結党した2010年4月から統一地方選の2011年4月までの間に毎日、府庁での公務や府議会が終わった後に街頭を回って、演説会を800カ所も開いていました。

「ピンポン」大作戦

一方、初挑戦の吉村は松井との面談後、「どうやったら勝てるのか」、選挙が強いと言われている人たちに聞きまくりました。「オレは地元の有力者だとか、オレは票を持っているとか言ってくる人間が必ずおるけど、票なんか持ってない。そんなんと会って無駄な時間は過ごすな」といった話をたくさん聞きます。すると、選挙に強い人にはみんな「ピンポン」、つまり知人の家や紹介してもらったお宅を一軒一軒訪ねて、お一人お一人に地道に政策を訴えているという共通点がありました。

ピンポンは選挙運動のためであれば期間中、期間外を問わず禁止されていますが、政策を訴えるという政治活動であれば許されています。

そこで、吉村も北区でボランティア2~3人と知人の家などを一軒一軒ひたすら歩いて回り、自分の名刺やビラを見てもらいながら政策を訴え始めました。

ただ、「維新の会」と言っても、当時はほとんど知られていませんでした。「ヤクザですか、いりません」などと怪しまれて、即門前払いされる。でも、「橋下さんの維新の会」と言うと、「えっ、どこのハシモト? あ~、あの橋下さん」と、話を聞いてくれる人がいるわけです。

もちろん、ちゃんと話せるのはせいぜい1割くらい。それでも、インターホン越しに「大阪を変えたいんです。ビラを見ていただけませんか」という程度なら、4～5割の人たちと話ができました。

吉村は2010年のクリスマスの日のことをいまでもよく覚えています。冷たい木枯らしが吹く団地を歩いていたら、雪が降ってくる。「オレ、何してんのかな？」と、何とも言えない切ない気持ちになりました。それまでずうっと弁護士の仕事をしていて、「先生、先生」と呼ばれていた。それがいきなり寒空の中を歩き回っている。しかし、「自分がやると決めたことなのだから、走れるところまで全力で走ってみよう」と勇気を奮い、最後まで地道に訴え続けたのです。

さて、いよいよ2011年4月の選挙です。吉村が出馬する北区の市議選は定数3です。そこに自民党系の無所属、公明党、民主党、共産党、みんなの党から各1人、そして大阪維新の会から美延さんと吉村の2人の計7人が立候補しました。

開票の結果、吉村は見事に2位で当選。1位も維新の美延議員でしたので、定数3の北区の市議選で大阪維新の会は1位と2位をとる結果となりました。他の選挙区でも健闘し、大阪維新の会は、この2011年4月の統一地方選挙で大阪府議会において過半数を獲得。大阪市議会でも第一党になったのです。

好成績の背景には、ふだんから地元を歩くという地道な活動がありました。大阪維新の会のメンバーは、現職議員でも自分の選挙区を歩き回っています。「他党のポスターを貼っていようが、行け、行け」と。みんな住宅地図を持って、留守のところを「ル」と書いて、反応がいいところには丸を付けて、といった具合に、結党以来、ずうっと地域を歩き続けているのです。

テレビだけ見ていると、大阪維新の会の選挙というと橋下さんが選挙カーの上からワーッと演説して盛り上がる空中戦のイメージが強いかもしれません。しかし、じつは大阪維新の会の真骨頂は徹底して地元を歩くこと。地道な地上戦なのです。

吉村と一緒に3期目の当選を果たした美延さんは、選挙が終わってから「自民党の選挙では、いろんな団体から為書き、推薦状をいっぱいもらって事務所に貼りまくったけど、まったく意味がないのがよくわかった」と、しみじみ言っていました。「団体に支援されて自分が受かってきたと思っていたけど、じつは票なんか持っていなかった。そんなもんがなくても、みんなに直接、改革することをちゃんと伝えたら勝てる。目から鱗やった」と。

その後、市議になった吉村は任期途中で辞職して、2014年12月に国政維新（維新の党）から衆議院選挙に立候補し、いったん国会議員に転身しています。

国政にも足をかける

さて、このように大阪維新の会は、2011年春の選挙で府議会と市議会で多数を占め、やがて秋には府知事・市長のポストも得て、大阪問題の改革に邁進していきます。しかし、そこで問題になったのが市町村と都道府県を再編する大阪都構想を実現する手続きの定めが、国の法令のどこにも存在しないことでした。

地方自治法には、大阪市が政令指定都市であり、大阪府とは別の組織であると定められています。しかし、それを地元の意思で見直す時にはどうすればいいのか、法律には書いていないのです。そこで総務省などに問い合わせをしてみても、前代未聞、想定していないというつれない返事です。こうなったら都構想を実施して府市を再編する段取りを決めた法律を新しくつくってもらうしかない。そのためには国会議員を動かす、いや大阪維新の会が自ら国会に議員を送り込むべきだと考えたのです。

そこで大阪維新の会は、2011年秋のダブル選挙後すぐに、府民や市民の支持を背景に「国政にも足をかける」と宣言し、候補者発掘のための維新政治塾の運営をスタートさせました。当時は民主党政権。国会の情勢は、民主党が多数を占め、そこに自民党や公明党が野党として政府を追及している構図でしたが、解散が近づく中で与野党ともに大阪維新の会の主張を受け入れ、2012年8月に「大都市地域における特別区の設置に関する法律」が成立します。

ちなみに、大阪維新の会がつくった国政政党「日本維新の会」（途中で党名は変更した時期がある）は、現在に至るまで活動を続け、大阪以外の地域においてもしだいに支持をいただいています。

本章では、いわば「走りながら走る方向を考えてきた12年間」を振り返りましたが、大阪維新の会が大阪の改革を始めて以来、大阪は見違えるほど元気になっています。多くの人が「ほんま、ようなった」と言ってくれて、素直にうれしい。しかし、現在は大阪府知事と大阪市長、さらに府議会と市議会の多数派をたまたま同じ考えの人間が占めている。だからバーチャル大阪都にすぎません。選挙結果によって脆くも崩れ去る可能性が常にあります。だから、もう決して過去に後戻りしないように、大阪都構想をぜひとも実現したいのです。

第5章　どこの街でも改革はできる

まずは首長、議員が身を切る改革から

大阪の改革に限らず、「都市の再興」や「街の再生」を行うのは大変なことです。特に大都市は自治体の組織が大きいし、企業もたくさん立地し、政治も複雑です。一方で古くからの町内会などもある。地方自治体の首長だけが改革派に代わっても、複雑な利害関係に阻まれ、なかなか改革はできません。

大阪でも、大阪維新の会は「まずは役所が変わらないと」と考え、本書で紹介してきたいろいろな改革を行ってきました。その中には他の地域でも応用できる方法論もあると思いますが、すべて使えるわけではないし、各地の実情に合わせてやり方を考えるしかない。ただ、大阪の経験からお伝えできる「原則」のようなものはあります。この章ではそれを紹介したいと思います。

そもそも最初に確認すべきことは、都市の再興や街の再生は役所の手に余る大変な作業であるという現実の理解です。首長は社長ではない。住民も企業もなかなか言うことをきいてくれません。しかし、一方で自治体が率先して動かないと、やはり都市も街も変われません。いわば「たかが役所。されど役所」なのです。

そもそも市役所や県庁といった地方自治体とは何か。簡単に言うと「地域のみんなのために税金を使うところ」でしょう。税金をどこにどう使うのか。その使い道を変えることこそ、街の改革に他なりません。

ただし、単なる「役所改革」「行政改革」だと節約でしかない。一方で、いまどき駅や道路などインフラをつくったくらいで街は元気にできません。街づくりは企業の経営改革と同じで「総力戦」なのです。成功に向けては大きく三つの条件が必要です。

一番目は、政治家が自ら「身を切る」こと。まずそれをやらないと、改革が必要だと言うだけでは市役所や県庁の職員にも住民にも信用されません。

二番目は情報公開です。地域のステークホルダー――企業や業界団体、自治会といった組織、そして一般住民――に対して、徹底的に情報を公開して、「一緒にやりましょう」と呼びかけること。近年、「パブリック・プライベート・パートナーシップ」（PPP）という言葉もよく使われるようになりましたが、やはり官と民がお互いに連携して動ける環境をつくることが大事です。特に住民がやる気になって自発的に動いてもらえるようにしないといけない。役所ばかりがいろいろ言っていても限界があるわけです。

情報公開はとても大切です。多くの人々はそもそも役所を信用していない。税金だけしっかり先に取られるのに大したことはやってくれない存在だと思っています。ここからのスタートだから、まず良い話も悪い話（財政赤字など）もとにかく情報公開するのです。

三番目は、改革案件はプロジェクト単位で管理し、チームマネジメントのノウハウを駆使すること。具体的には目標と期限を定める。そして組織内の必要な人材を起用した上で、外部の「専門家」も役所の中に入れて改革チームをつくる。つまり、専門スキルを持ったプロの力を入れた官民合同のプロのチームをつくるのです。役所というのは決められたルールに従って事務処理をするのは得意ですが、自ら改革はなかなかできないのです。抜本改革を行うには民間企業の経営や改革のノウハウに精通した外部人材などを役所に入れることが重要です。

大阪の維新改革では三つの必要条件はどのように整えられたのでしょうか。

まず、一番目の「身を切る改革」について。橋下さんは、府知事になっていきなり自らの報酬を3割削りました。前にも触れましたが、大阪維新の会も府議会議員の給料は3割削り、定数も2割削減しました。古典的、浪花節な決意表明の仕方かもしれませんが、給料や議席を削ることなく政治家が厚遇のぬるま湯につかっていては、役所改革はできません。役所の職員も納得できないでしょう。また、厚遇のぬるま湯につかっていては、市民からの信用も得られません。政治家は自分の身分のために仕事をしてはいけないのです。自分の身を削って初めて、市民は「信用してみようかな」と思ってくれます。裏返して言うと、政治家はそれくらい信用されていないわけです。それがあって初めて、住民サービスの見直しや職員の人件費カットなどの政策が打ち出せるのです。

古い話になりますが、「知事はＶＩＰ。外国訪問時にはファーストクラスに乗って、いいホテルに泊まっていないとバカにされる」などと言った首長もいました。確かにそういう面もあるでしょうが、橋下さんは、いわばボロ会社の社長になったのだからと、ずうっとエコノミークラスに乗っていました。そして自分の給料も削ったのです。政治家がまず自分の身を削る姿勢は橋下・松井時代も、吉村・松井体制の現在も変わりません。

いい話も悪い話も情報公開する

二番目の「情報公開」というのも信用に直結する事柄です。とりわけ悪い話をオープンにして、住民みんなに理解してもらうということが大事でしょう。たとえば、「生活保護の受給者がこれだけ増えてしまった。しかし役所にはお金がない」といったぐあいに、財政状況はもちろん、不祥事や失敗も含めたすべての情報を公開する必要があります。

ところが、行政職員たちは真面目すぎて、またプライドも高いので「頑張ります」「大丈夫です」などと言いがちです。しかし多くの場合、手遅れになってしまう。しかも行政職員たちは住民に対してのみならず、首長に対しても希望的観測ばかり報告しがちです。手遅れにならないように、悪い話もいい話も全部オープンにするという徹底した情報公開が重要なのです。

橋下さんが府知事になる以前、2007年の大阪府の全国情報公開度ランキング（全国市民オンブズマン連絡会議）は全国で26位でした。それが橋下府知事時代に、圧倒的1位になりました。当初から積極的に情報公開をしたことで、改革への決意が信用される土台ができたと思います。

地方自治体の政策は住民の生活に密着しています。だからありのままの状況を情報公開する。その上で現行の行政サービスや政策を住民がどう評価しているかを知り、また潜在ニーズを探るのです。

改革の主役は住民と民間

先にも述べましたが、街を元気にする主役は、役所ではなくあくまでも民間、その街で働く人たち、暮らす人たちです。役所はあくまでコーディネート役です。住民の信用を得た上で、さまざまな政策への協力と参加を得ていくのです。

たとえば維新改革では、2012年に「西成特区構想」を掲げました。貧困、高齢化、犯罪など治安の問題を抱えるあいりん地区を何とかしようと、結核対策や日雇い労働者の自立支援などに取り組み始めたわけです。

まず大阪市が力を入れたのは、路上のゴミを片付けることでした。路上には地区外から持ち込まれる不法投棄のゴミが山盛りにありました。

そこで大阪市は「街がきれいになった」という目に見える変化を見せようと考えた。そのことで改革に本腰を入れる行政の決意を伝え、住民の協力を得たいと考えました。これは、いわゆる割れ窓理論に基づくものです。この理論は、「一枚の窓ガラスが割れたままにしておくと管理されていないとみなされる。結局すべての窓ガラスを割れる。ひいては地域の環境がもっと悪化し、やがて凶悪犯罪が多発するようになる」というものです。90年代半ばからニューヨーク市ではこの理論に沿った対策が行われ、一定の成果が上がりました。

さてあいりん地区では、路上に放置されたゴミを片付けるため、1日3回も収集車が巡回するようになりました。同時に大阪府警による不法投棄の取り締まりも行われ、街はどんどんきれいになっていきます。やがて住民主体で設立された合同会社が清掃事業を担うようになり、野宿生活者の人たちをゴミ回収労務員として雇用する制度もできました。こうしてゴミのないきれいな街に変わり、それが住民の手で維持されているのです。

また、大阪府と大阪市が一緒に取り組んだ迷惑駐輪対策でも街の美化が進みました。あいりん地区の簡易宿泊所には約8000人の生活保護受給者の方々が暮らしていますが、その人たちの自転車が大量に道路に放置されていました。そこで市役所は無料自転車置場を街のあちこちにつくった。また、住民が中心になって放置自転車の撤去や保管、迷惑駐輪の整理や誘導を行いました。

覚醒剤などの薬物犯罪対策については、府知事だった松井が大阪府警本部長に要請したのをきっかけに、集中取り締まりや監視カメラ網の設置が一気に進みました。

それまでは、覚醒剤の売人らしき人々がうろうろしていると噂されるほどでした。しかし、府知事の松井が号令をかけて大阪府警も本気で動き出すと、あいりん地区の薬物犯罪は激減しました。

街がきれいで安全になったおかげで、大企業も投資に動き始めました。たとえば、星野リゾートはあいりん地区の最寄りの新今宮駅前に14階建てのホテル「ＯＭＯ７大阪新今宮（おもせぶん）」（２０２２年４月開業予定）を建設中です。

このように、最初は役所主導でもいいのですが、住民が主体となって、さらに企業も加わり街を変えていくという流れをつくり出さないと、本当の意味での街の再生はできません。もちろん、民間だけでは動き出せないことも多い。しかし、いつまでも役所が出張っていたら、再生への活動は自立的、持続的なものになりません。

「あいりん総合センター」の話も紹介しておきましょう。同センターは大阪府の「寄り場」（求人側と労働者が交渉する場所）と労働福祉センター、大阪市の社会医療センターと市営住宅、国の職業安定所などが入居する13階建ての施設です。公益財団法人西成労働福祉センターが管理と運営を行っています。１９７０年に建てられて以来、「あいりん地区の象徴」と言われていました。しかし、耐震性の問題で２０１９年４月に一部閉鎖されて、現地での建て替え準備が進んでいます。

入居する五つの施設は国、大阪府、大阪市など複数の組織が関与しています。そのため建て替えが必要とわかっていても、協議がなかなか進んでいませんでした。

しかし、2012年に橋下市長が打ち出した西成特区構想をきっかけに大きく動き始めました。具体的には、大阪市が主体となって、住民による「あいりん地域まちづくり会議」(町会や労働者支援団体など36人の委員で構成)が設置され、自治体と住民の共同作業で建て替えプランが作成されました。

現在使用中の社会医療センターと市営住宅は、旧大阪市立小学校の跡地に移転することになり、新しい建物が完成ししだい引っ越しが始まります。いずれも2020年末には完成する予定です。現地で閉鎖された職業安定所・寄り場・労働福祉センターも、建て替え終了予定の2024年度末には現地に戻る予定です。

カリスマリーダーよりチーム作り

改革にはリーダーが必要です。しかし、たとえ「カリスマ」と呼ばれる人気の政治家が首長になってリーダーシップを示しても、改革の実行には首長を支えるプロの改革チームが必要です。

大阪府・市の改革チームは、従来の行政の意思決定のプロセスを大きく変えました。特に大きかったのは行政職員に事実と数字に基づく現状分析を求めたことです。府市の各部局は、それまで改革案件についても首長や外部の専門家たちに対して紙一枚だけの報告で済ませてきました。しかし、維新改革では「それじゃダメ。データを持ってきてください」と依頼する。また、上山ら特別顧問や特別参与が実地に施設や事業の現場に行って、現場の第一線の職員や受託事業者のヒアリングまで行いました。

たとえば、地下鉄の改革チーム。上山は現状分析のため、私鉄各社に頼んで電気や車両のプロに特別参与として現状評価をしてもらいました。市営地下鉄の赤字の実態を掘り下げ、路線別の収支など細かいデータも全部入手しました。橋下市長との検討会議にも、実情に最も詳しい課長・係長クラスに参加してもらいました。

それまでの大阪市役所は階層構造になっていて、市長には局長が、局長には部長が報告するのが慣習でした。しかし維新改革では課長や係長など、より現場に近い人が直接トップに報告する仕組みに変えました。現場が直接トップに報告する。それでこそトップもスピード感を持って事に当たれるのです。

組織改革のノウハウは、首長だけでなく外部の専門家が役所に持ち込みました。主に経営コンサルタントですが、他にも都市開発や文化政策などのプロフェッショナルが総勢で最大50人ほどアドバイザー（特別顧問及び特別参与）となって、職員との共同プロジェクトチームをつくりました。彼らの報酬は交通費の他には、東京から来てもらっても1日最大数万円ほどと、民間の相場からしたら格安でした。それでも維新改革に賛同して協力してくれたのです。

役所には、慣習や前例主義など世の中から見るとおかしな「常識」がいろいろあります。これについては上山が率いる外部のコンサルタントのチームや専門家が企業分析の手法を使ってデータを示し、また海外や民間企業の事例などを示してどんどん論破していきました。役所には優秀な人が大勢います。出てくる施策も非常に整っているのですが、現状維持に傾き、新しいアイデアはなかなか出てきません。それに対して、専門家が数字を突きつける。論理のおかしさを指摘する。一方、現場も反論する。両者の議論のやり取りを踏まえて、橋下さんが最後にズバッと決断していました。

こうしたプロジェクトチームでの仕事の進め方は、吉村・松井にも受け継がれています。スマートシティ戦略も、上山や特別参与の池末浩規氏が欧米や中国の事例に照らして必要性を府知事の吉村と相談し、ヨーロッパの交通事情やITに詳しい専門家と職員の共同チームで検討しました。そして、できた戦略に沿って2020年4月から府庁に「スマートシティ戦略部」ができました。部長には日本ＩＢＭから坪田知己《ともおき》氏に来ていただき、府市合同の実践ステージに入っています。

大阪のスマートシティ戦略は、住民のＱＯＬ（クオリティー・オブ・ライフ、生活の質）の向上と産業振興を目指すものです。政府の旗振りのもと全国各地の自治体がスマートシティ戦略を掲げています。

大阪も政府の「スーパーシティ」構想（最先端技術を活用し、第四次産業革命後に、国民が住みたいと思う、より良い未来社会を包括的に先行実現するショーケースを目指す国家戦略特区の募集・選定）には手を挙げます。しかし大阪のスマートシティ戦略は、先に紹介した夢洲や森之宮の再開発のように、もともと専門家の知見を借りて大阪独自で検討してきたものです。

大阪は、住民のＱＯＬ向上や経済成長のためなら政府の支援はもらうし、いろいろな企業と連携する。使えるものは何でも使います。しかし、国の方針に沿って自分たちの街の方針を決めるという仕事の仕方はしない。自分の頭で考え、データなどのエビデンスに基づき、大阪の現実に合わせた計画を立てます。

だから、インフラ投資や子育て支援の話にしろ、現場の声と生データを積み上げ、独自の政策をつくります。また、外部の専門家の提言だけでなく、現場の保健師の直感、教師の生の感覚、水道の技術者の意見など、基礎自治体の現場のプロたちとも議論して政策を組み立てています。

政策はすべて住民との接点の現場から

いま大阪では、「データヘルス」の推進にも取り組んでいます。これは国、厚労省も力を入れる政策です。高齢化で国民健康保険の赤字が自治体の財政をいっそう圧迫しかねない。とりわけお金がかかるのが重症の糖尿病患者への人工透析で、一人当たり年間500万~600万円かかると言われています。

厚労省も糖尿病患者を早く見つけ、透析に至る前に治療すべきとしています。多くの自治体が主に糖尿病対策、住民データを活用した早期発見・早期治療や予防活動に取り組んでいます。

大阪も同じですし、そういうアプローチは否定しない。しかし財政赤字が心配だから保健指導を頑張るという発想は「ちょっと違う」と思っています。議論の出発点は財政赤字ではなく、住民の健康に置くべきです。

だから、まず実態を現場の保健師等から聴取し、一番効き目のありそうな政策を考える。たとえば、子どもも含めて家族の多くが糖尿病の予備軍という家庭がままあります。そこに注目して、学校での検診から子どもの健康問題を見つけ、家庭での食生活に対して保健指導をしていくといった方針を検討しています。

データヘルス戦略は、あくまで市民が自律的に、自覚的に健康を維持することが重要です。そのために市民がデータを活用する。そして、それを助けるために自治体がレセプトなどのデータを提供するのです。

行政は、透析コストや健康保険の赤字補塡額をどう減らすかというところからスタートしない。あくまで住民が自分自身で健康データを解釈して、食生活や運動習慣を変えていく。そのための情報をアプリなどを通じて公開する。あるいは、保健師さんたちが若い世代に対してよりいっそうアプローチできるようにする。これが住民起点の行政です。維新改革では、現場との議論を通じてそういう方向に仕事のやり方を変えていくのです。

霞が関から地方自治体に下りてくる政策の中には「結論は大きくは間違っていないけど、入り口が違う。そして、等身大の住民のニーズや行動様式を考えていない」というものがままあります。国レベル、マクロレベルの方針は間違っていない。けれども各自治体、個々の住民によって実情は異なります。だから自治体は、単に政府の方針に従って現場に方針を出していてはダメなのです。

自治体の現場には豊富な生データとエビデンスがあります。それを使って自分たちの頭で考え、自分たちの街に合った政策を着々と実行していく。維新改革が大阪で10年以上も支持され続けているのは、こうしたアプローチに徹してきたおかげだと思います。

前例主義から脱する方法

とはいえ、自治体に維新改革流の経営改革の文化——自分たちの頭で考えて工夫する仕事のやり方——を定着させるのは簡単ではありません。

まず、首長が常に現場の生の情報を求めることがすごく大事です。たとえば、幹部が首長に中身が不明瞭で抽象的な報告をしてきたら、「それでは判断できない。現場の人を呼んできてください」と言う。自身も現場に行く。たとえば、橋下さんは改革の初期にテレビカメラを引き連れて公立の施設にしょっちゅう出かけていました。そうすると、トップが現場の実態を肌感覚で知る。同時に現場を大事にしているというメッセージが職員や住民にも伝わります。

プロジェクトチームは外部の専門家と一緒に他の自治体の事例を見に行ったり、住民はもとより現場の生の声を聞きに行くべきです。たとえば、委託事業を見直す場合、実際に業務を引き受けている会社の現場や事務所まで行ってインタビューをする。すると「民間委託と言ったってあの価格では採算が合わない。人手も足りない」といった本音が出てきます。

自治体公務員は仕事を規則に沿ってやる。当然です。しかし改革プロジェクトでは、前例主義と形式主義は「悪」です。現場に行く、そして前任者のやり方をゼロベースで見直します。

通常の担当部署は現状維持で手一杯です。たとえば、これは大阪以外のある市の例ですが、市内に保育所が何百カ所もあるのに、担当部署は議会対応などに追われ、現場の実態をちゃんと見ていない。全部の保育所に行くのは無理でしょう。しかし自分の足でいくつかの保育所に行って、現場の生の声を聞き実態を知る。それで初めて効果的な施策を考えられるのです。

一方で、自分の街のことだけに詳しい「タコツボ」に入ってもいい仕事はできない。よその街の現場も見に行ってみる。そうして動いているうちに、意識が変わり、改革のやり方が根付いていくのです。

ちなみに公務員はマシンみたいなところがあります。とても優秀ですが、変化への対応では不器用なところがあります。一方、首長から「こうしてください」と命令されたら、その手続きに沿ってひたすら動きます。古い話になりますが、国鉄が典型です。1987年に民営化してJRになった瞬間に職員が喜々としてお客に挨拶し、幹部も「収支」を考えるようになりました。このように公的組織はトップの舵取りしだいで、意外に職員の仕事ぶりを変えられるという側面もあります。

お役所文化を経営改革の文化に変えるというのは、前例主義をやめて現場主義に変わるということでもあります。現場主義というのは、「とにかく目の前にあるデータをちゃんと見ましょうよ、目の前にいるお客が何を言っているのかちゃんと聞きましょうよ」ということ。それがスタートです。だから首長が「現場主義こそが新しいルールだ。私や上司のほうを見てないで現場を見よう」と率先垂範すると、役所はそれに従って動き始めるのです。

もう一つ、役所の改革で大切なのは「第三者に評価される」ということです。役所は企業と違って競争にさらされない。だから、外から評価される仕組みがないと変わりません。

まずは、首長はもちろん、専門家や議員など役所の外にいた人たちが問題点を厳しく指摘する。それがないと自ら新たな課題を見つけるのはなかなか難しい。

役所は、法や規則で縛られている。常に「うまくいっています」と言わないといけないと思っている。「すべてきちんとできていて課題はない」ということにしたがります。残念ながら役所には自分で課題を見つけるという仕組みや習性はもともとありません。うまくいっていなかったら責任問題。だからまずい話は見ないことにするのです。

それに対して外部委員の役割は、「うまくいってないんじゃないの?」と外から問題提起するところから始まります。それも「自分たちで課題を見つけて」と促すだけではダメです。特に大事なのは、「これはどうしてなんですか、おかしいですよね」という住民の声を代弁する素朴な質問です。すると、「いや、じつは……」という課題が初めて出てくるわけです。行政職員は自分からは問題を言い出せない。だから、逆にこっちから聞いてあげることがすごく大事なのです。

上山は役所へのヒアリングをたくさん行ってきました。最初はみんな戦々恐々として身構えている。しかし、会議の後でこっそり職員から「ご指摘いただいて、じつは内心うれしかったんです」とお礼を言われたりします。「じつは、前からこれは何とかしなければいけないと思っていました。しかし自分の代で言うと、先輩の課長に迷惑をかける。だから放っておいた。でも外部委員から指摘を受けると、少なくとも見直しは始まります」などと感謝されるわけです。「どこまで受け身やねん」と半ばあきれてしまいますが、行政職員の多くは、根は真面目でいつも住民のことを大切に考えている人たちなのです。

行政職員を動かすコツは、前例を否定する「言い訳」を与えること。だから第三者の役割は大きいのです。

常に住民のチェックと審判を受ける

役所では、ダム建設などの公共事業はなかなか途中で止めにくい。「行政の無謬性」と言われたりしますが、間違いが許されず、かつ継続性を重んじます。だからいったん決めたことは、自分から「間違っていました」と事後に否定できない。だから行政機関に「自分で修正しろ」と言っても無理です。そこは政治家がリーダーシップを発揮するしかありません。止める勇気こそ政治の力の真骨頂とも言えるでしょう。

しかし、首長が代わったり政権が交代すると、行政も自己否定ができます。そういう意味では、4年に一度の首長選挙で行政のトップを代えることができる仕組みは、非常によくできていると思います。

逆に長期政権が腐敗すると大変です。何でも自己否定になるので過去の決定は変えにくい。財政赤字の自治体で長期政権が続くと、既存の事業が止められず、新たな投資ができなくなります。その結果、時代の変化についていけなくなって衰退してしまう。先に紹介した「大阪市役所一家」もその典型です。既得権益に飯を食わせるだけで精いっぱい、新しいことにはなかなか手がつかないという状況に陥ったのです。

企業なら赤字続きの事業は当然、ストップします。しかし、行政には赤字でもやるべき仕事があります。情報公開で赤字が問題視され、議会や住民から「見直そう」と大合唱されるか、選挙公約で首長が「見直す」と言い出すか。とにかく外から力が働かないと無理です。だから民主主義が大切なのです。

ただし、首長が1年ごとに代わるような朝令暮改だと弊害は大きい。その意味で、4年ごとの首長選挙の仕組みはよいと思います。

先にも述べたように、大阪維新の会のような改革派が首長になり議会で多数派になるためには、選挙の投票率が上がること、つまり無党派層に選挙に行ってもらう必要があります。

無党派層には、若者や子育て世代が多くいます。大阪では、彼らは維新改革による変化を実感し、「自分たちの暮らしをもっとよくしてくれる」と思って選挙に行き、大阪維新の会に投票してくれました。だから人気のあった橋下さんの引退後も大阪維新の会は支持されてきました。リーダーの個人的人気もさることながら、打ち出す政策の中身と実行力がやはり重要です。

現役世代をしっかり支援する政策を掲げれば、投票率は自ずと上がり、改革派は当選します。いまの地方選挙は、どこも投票率が異常に低い。しかし、どんなに高齢化が進んでいる地域でも、投票率が上がれば改革は進むはずです。高齢者世代も、じつは自分の利益にならなくても、子どもや孫、次の世代のことを考えて投票する人も多いのです。

歴史を手がかりに存在意義を見つめ直す

当たり前の話ですが、行財政改革で節約しただけでは、街は元気になりません。節約して浮いたお金を教育やインフラに投資してこそ真の改革です。逆に言うと、街に投資をするために行財政改革をするわけです。

先述のとおり、大阪府は2014年に行財政改革の一環として、府が持っていた泉北高速鉄道の株を南海電気鉄道に売りました。そのお金は、なにわ筋線の開通や北大阪急行線の延伸、大阪モノレールの延伸などに使います。

新しい事業に投資しないと街は元気にならない。大阪は特にそうです。先に述べたとおり、歴史を振り返れば、大阪は常に新しいことに投資し続けないと衰退してしまう。そういう歴史認識があるからこそ、関西空港は再生させてフル活用する。なにわ筋線も必要だし、夢洲も生かすべきなのです。

これは何も大阪維新の会のメンバーだけが自覚する話ではありません。一般の大阪の人たちが肌感覚で持っている歴史認識でもあります。

大阪は人材が支える。各地から有為の人材が集まればモノとカネも集まります。ヒト、モノ、カネが集まる場所であり続けるためには投資をやり続けるしかない。そんな歴史的洞察を踏まえて、大阪維新の会は改革を続けています。

街の強みを見いだし、人を集める

さて、何に投資したら街は元気になるのでしょうか。大阪の場合、「府市合わせ」のせいでインフラ投資が遅れていました。まずはそれでしたが、次に大事なのは、自分の街の歴史や持っている強みをもとに人を呼び込む方策を考えることです。

第1章で紹介した大阪城公園の例にしても、20年という異例の長期貸し出しを提示できるだけのポテンシャル、つまり再開発の余地があったということです。面積も広いし、これまであまりにも使われてこなかった。その可能性に民間企業のグループが気づいた。だから民間投資を呼び込めたのです。

街に来てくれる人は、観光客でも移住者でも技術者でも学生でもいい。とにかくよそから人が来てくれないと街は発展しません。人を呼び込むためなら劇場を建ててもいいし、道路を通してもいい。

そういう意味では、一時のようなステレオタイプ的な公共事業批判はナンセンスでしょう。かといってどこでもコンパクトシティがいいというわけでもない。まずは自分の街の強味を理解し、人を呼び込む方策を考える。大阪の場合は「価値創造都市」「中継都市」という戦略を打ち出しました。よそから人が集まることで、宿泊が増え、観光収入が伸び、域外からの投資も入ってくる。こうして発展への好循環ができてきます。

大都市は交易や人の交流のネットワークの中で成り立っています。「他地域との関係のおかげで食べていける」という感覚がすごく大事だと思います。どうやったらよそから人が入ってくるか、どうやったら自分の街のモノが求められるかを考える。

大阪は江戸時代には「天下の台所」と言われました。しかし、もともとは何もありません。人でもモノでもよそから集めてやっと成り立っていました。そういう自覚が住民にもあるからこそ、この10年超もの間、さまざまな改革ができたし、支持されてきたと思います。

大阪は人と創意工夫がすべてのような街ですが、他の地域にはもっと分厚い資本があるでしょう。歴史があったり、観光資源があったり、田んぼがあったりする。だから成長戦略を考えるのは、大阪よりもずっと楽だと思います。

有権者に気づいてもらう

大阪は「東アジアの拠点」を目指していますが、長年、インフラ投資が滞っていた。いわば病み上がりの状態です。近年の復活を支えてきてくれたインバウンドといっても、じつは域内GDPの2%弱しかありません。しかもインバウンドやIRのようなBtoC（消費者相手のサービス、Business to Consumer）は移ろいやすい。現にコロナ禍で来阪客は大きく減っています。東アジアの拠点になるには、それこそグーグルのような世界企業、往年のパナソニックや京セラのような一流のBtoB（企業間取引、Business to Business）企業に立地してほしい。

大阪経済は底入れしたけれども、もっと企業や技術が集積してこないと、その先に到達することは難しい。本格軌道に乗るにはまだ時間がかかると思っています。

衰退している大都市を元気にするには、どうしても時間がかかるのではないでしょうか。大阪の場合、落ちるのを止めるのに約10年かかりました。今後、「自律的な成長の軌道に乗った」と安心できるまでにはまだ数年はかかるでしょう。

大阪の場合、２００８年の橋下改革から12年経ちました。山の頂上から麓まで落ちていたのを、大阪維新の会のツートップ体制でやっと5合目ぐらいまで盛り返したところです。頂上までの道はまだまだ険しい。でも吉村・松井は、いま確実に上に向かって歩いています。今後、万博とＩＲが成功して、ようやく6～7合目でしょうか。もちろん、その先も見据えてヘルスケアとスマートシティに取り組んでいますが、コロナ禍も続くので、正念場はまさにこれからだと思っています。【図表18参照】

維新改革の根っこにあるのは、「人々にりんごを差し上げることはできないが、りんごがなる木をつくることはできる」、「既得権者による中間搾取をなくす」という思想です。

図表18　3つのレベルの維新改革

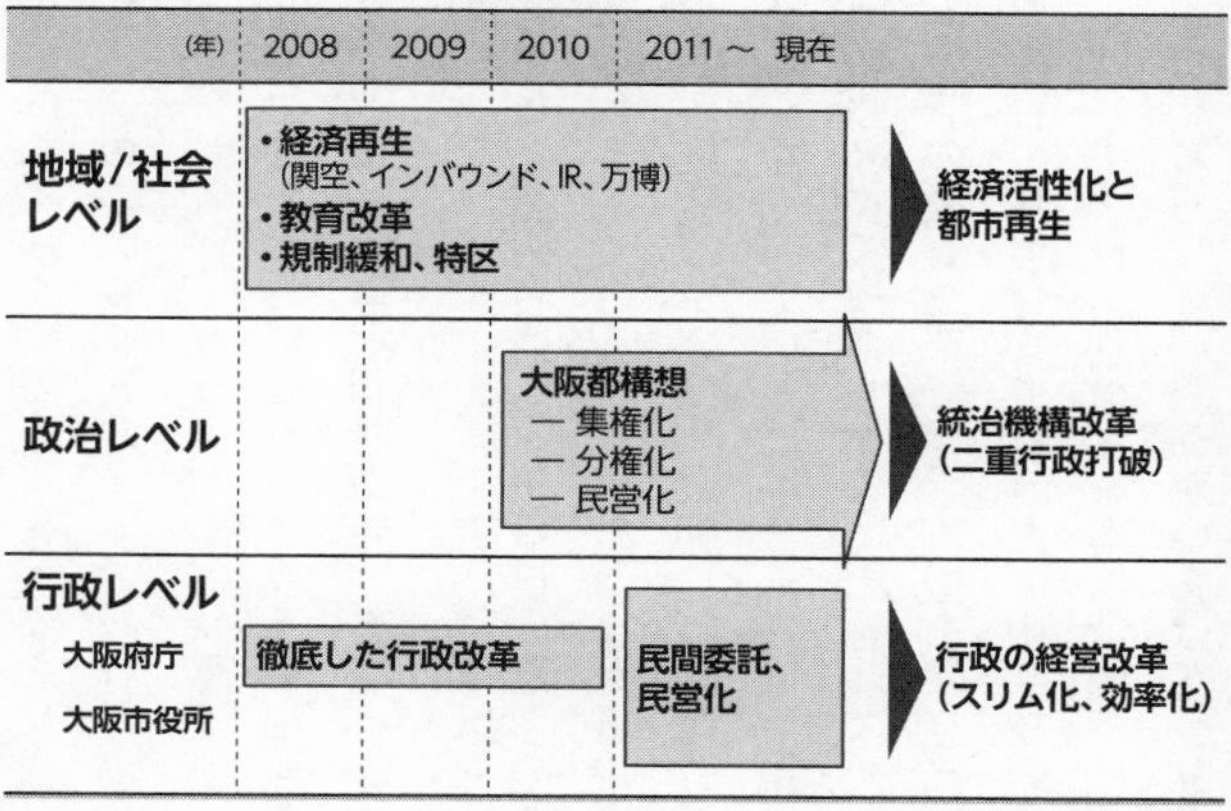

これは、たとえば団体への補助金で税金をばらまくやり方をやめて、困っている人に対して直接支援するというやり方です。先に少し述べた子育て世代を支援する「塾代助成カード」というバウチャー制度がそれです。まず生徒たちが自分でどこの塾がいいか考える。そうやって選んだ塾にクーポンを渡す。するとその塾に対して大阪市がお金を出す仕組みです。また、私立高校への府の補助金を見直して子どもたちが払う授業料の無償化もやりました。これで経済的に厳しい子どもたちも私学に通うことができます。そして私学への補助金ではなく、子どもたちが私学を選べる仕組みにするのです。

補助金をもらっている団体は、大なり小な

り中間的な搾取をする既得権益勢力になりがちです。それが固定化すると健全な競争を阻害し、全体の成長を妨げます。教育の場合は、私立学校向けの補助金がそれでした。そこでお互いに競争、切磋琢磨して大阪全体の教育レベルを上げてもらうために、補助金を見直し、生徒たちの親にバウチャーを出すことにしました。

この改革には「既得権改革」という一面もあって、維新改革の真骨頂と言ってもいいでしょう。

しかし、有権者は「本来は自分たちのために投下されるべきお金が、既得権益勢力に取られてしまっている」とはなかなか気がつきません。

だから維新改革では、最初に行財政改革を行いました。まず身を切る改革をやって、外郭団体をなくしていく。そうやって支出を減らして財源とした。「それを直接あなた方のための事業に投資しますよ」と言ってバウチャーを配りました。

大阪府の教育改革では、支援を私立高校の授業料の無償化からだんだん拡大させました。幼児教育の無償化まで行った。中学校給食も広めたし、小中学校にエアコンも付けた。たとえば、中学校給食の実施率は全国では約90％ですが、維新改革以前、大阪では約10％にすぎませんでした。それがいまは79・9％（2018年）になっています。【図表19参照】

図表19 大阪市の「現役世代への重点投資」（子ども・教育）の予算推移

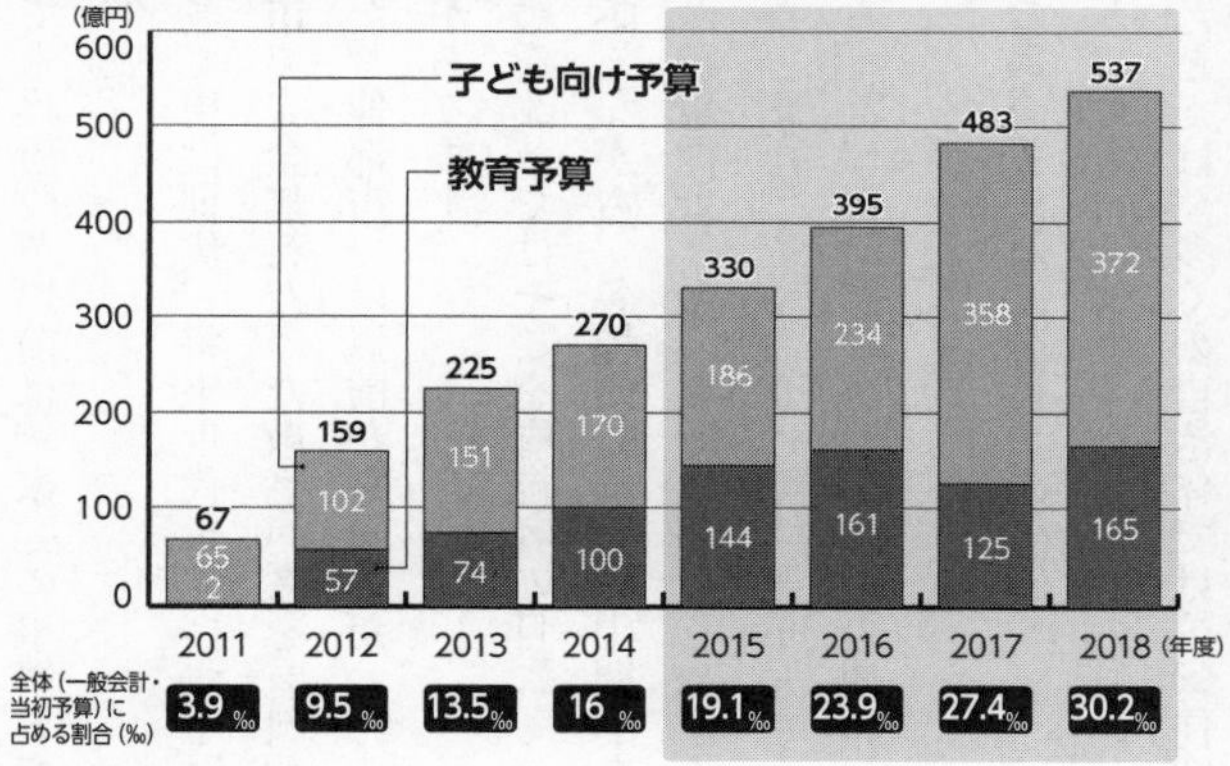

出典）大阪市資料

ちなみに、中学校の給食はいろいろな効果があります。子どもの食事は体力面に直結します。朝飯をちゃんと食べている子どもは成績がいいなどとも言われています。

特に大阪の場合、家庭の事情で朝食を食べられない、弁当を持ってこられないという子どもが少なくない。全国の体力テストや学力テストでも大阪の成績はずっと下位でした。少年犯罪や離婚などもワーストランキングの上位で、難しい家庭がままある。シングルマザー（ファーザー）の家庭では親が忙しくて弁当をつくるのも大変です。給食制度はそうした負担を減らすという意味もありました。中学校給食にはこのような深い意味があるのです。

でも維新改革以前は、家庭の事情まで考えた支援にはほとんど焦点が当たっていませんでした。

さて現役世代、将来世代を支援する財源を確保するために、維新改革では、たとえば大阪市で完全無料だった敬老パスを有料化して、1乗車につき50円の自己負担をお願いしました。他都市では以前からそうだったのですが、大阪市ではこの程度の改革に対しても反発があります。

維新改革ではそこを有権者の目にちゃんと見えるかたちで議論しながら、また選挙の時に訴えながら、各種団体による中間的な搾取を排して府民・市民に再配分してきました。だから現役世代が「大阪は暮らしやすくなったなあ」と実感を持ってくれるようになりました。また、そのおかげで「改革したらこんなに変わる。いままではいったい何やったんやろ」と、自治体の政治やお金の使われ方への関心が高まっています。

つまるところは既得権益の問題

どの地方自治体でも既得権益の見直しは、難しい課題だと思います。

たとえば、多くの自治体では公営住宅や公園などを管理する外郭団体などが独占的に仕事をしています。維新改革では、そこに民間企業が参入し、競争原理が働くようにしてきました。

公営住宅は、民間の不動産管理会社が維持管理するようになりました。役所の負担経費が減り、住民の満足度も上がりました。

民間になったら維持管理コストが下がるというのはよく知られていますが、入札の時に競争原理が働くとサービスレベルも上げられる場合があります。先に紹介したような大阪城公園や天王寺公園、市営地下鉄の売店などもそうです。

一方、民間の業界団体も既得権益勢力になっていることがあります。ここに対して多くの自治体は何に使ってもよい運営費の補助をしています。

大阪にも、業界団体への補助が山のようにありました。直接の補助金だけでなく、たとえば医師会に対しては、不動産の固定資産税を免除していたのです。そうした「補助金行政」を維新改革ではどんどん見直しました。

既得権益勢力に便宜を供用するのは補助金と引き換えに票をもらう古い利権政治です。

維新改革ではそれをやめました。当初は大騒ぎになりましたが、その後、補助金を切られたところはどうなったか。ある団体では、もらった補助金を内部留保としてせっせと貯めていました。補助金の必要などなかったのです。もちろん、すべてがこうではありません。なので大阪では、見直した後に必要な事業への補助（トラック協会に対するドライバー安全講習など）は再開しました。

また、役所によるさまざまな規制も既得権益の一つと言えるでしょう。大阪で言えば、たとえば、御堂筋の建物の高さ規制です。昔は31メートルに制限する行政指導をしていました。その後、1995年に外壁50メートル、10メートル後方部は60メートルというルールに緩和されたものの、「高さのそろった街並みをつくる」という古い号令はずっと生きていました。

しかし、現実にはフロアが足らなくなってきました。そこで維新改革では2013年、それを最大200メートル――（道路に面した部分の高さ50メートル+セットバックの長さ）×2――まで可能にしました。そのおかげで、あちこちで建て替えが始まりました。

議会も当然ながら、既得権益勢力の影響を強く受けています。各会派、政党にそれぞれの支援団体、支持団体がある。それぞれの団体は盛んにロビー活動をする。選挙の時にお金や人を出す団体もある。そうなると世話になった議員は団体の言いなりになってしまいます。

たまに改革派の知事が当選します。しかし、団体への運営補助金をやめることを公約に掲げて当選しても、結局は妥協してしまうのです。

なぜそうなるのか。なるべく現状を変えたくない職員の抵抗もありますが、団体とつるんでいる議会の各会派が「いま話し合いをしている最中ですから」などと議論を引き延ばして、いつまでも経っても答えを出さない。現状維持のために徹底的に時間稼ぎをするのです。

そうなると改革派の首長は時間切れに追い込まれ、結局は前年度の予算を踏襲してしまいます。するとそれが前例になってしまい、見直せなくなります。

なのでほとんどの自治体では、予算の中身を前年からガラッと変えることはできません。議員は選挙の時はいろいろ戦っているふりをする。けれども、いったんバッジを付けたら、与野党問わず、本音ではそのメンバーでずうっと続けていきたい。だからみんなでつるんで前年度を踏襲するのです。

選挙でもそうです。「現職優先の原理」というのがあって、自民、公明、民主のどこの会派でも、現職同士は裏で話し合って真正面から戦わないようにします。これが多くの地方議会の慣性です。

ところで多くの都道府県では、知事は自民、公明、民主系のいずれかの組み合わせで推薦、支持される「相乗り」で当選した無所属の首長です。これも既存の議員にとっては都合のいい仕組みです。相乗りになると反対派がいなくなる。すると自分が応援する団体への補助金の継続が保証されます。同じ首長のもとでそれが数年続くと、首長も唐突に見直そうとは言い出せなくなります。相乗りの首長というのも、既得権益を守りたい議員と再選を確実にしたい首長の利害が一致した仕組みなのです。

大阪市では、24の行政区がそれぞれ当該区選出の市議会議員のテリトリーです。そして、議員は自分の区以外のことにはできるだけ文句を言わないのが暗黙のルールになっていました。つまり、議員が地元の既得権益の守り神になっているのです。全国の地方議会では少なからずそんな状況が続いています。

だから地方議員は現職の多選になるし、世襲の仕事、「家業」になるのです。この構造はそのまま国会議員にも当てはまります。

大阪維新の会はこの10年、こうした悪しき地方議会の構造を打ち破ろうと戦ってきました。

第6章　なぜ日本は「地域」から改革すべきか

国主導、全国一律政策の限界

日本社会は大きな変動期を迎え、さまざまな政策課題がある。その課題に対して「日本はこれからどうすべきか?」という問いを立てる政治家や役人が多い。マスコミもそうです。しかし、社会の問題を改革するのは果たして何でも「国」、あるいは「日本」なのでしょうか。

外交や防衛、金融、移民の問題などは「日本国」という単位の戦略が大事でしょう。けれども、人々の日常の生活、高齢化や少子化、福祉や教育、医療、防災などについては、国単位では戦略は立てにくい。新型コロナ対策もまさにそうですが、多くの政策は首都圏、関西といった地域単位、あるいはもっと小さな市町村や地区、コミュニティごとに考えるべきだと思うのです。

日本は「小さな国」と思われがちですが、人口はヨーロッパ諸国、フランスやドイツよりも多いし、国土が南北に長い。さらに山も多いし海もある。地域によって、また都市と田舎で暮らしぶりがずいぶん違います。

戦後は、交通などインフラの整備が急務で、教育、産業など多くの分野で全国一律の戦略を実行してきました。確かに高速道路や新幹線、空港、港などは全国ネットワークです。海外との窓口をどこに置くかといったことも、国家戦略マターです。経済産業省や国土交通省が国全体の戦略を考える必要がありました。福祉や教育も全体のレベルの底上げには国の旗振りが有効でした。

しかし、いまや全国ネットワークのインフラ整備は、だいたい完成しました。重要課題の多くは人回りの話になります。政権交代を実現した2009年の総選挙で民主党が掲げた「コンクリートから人へ」というスローガン——無駄な公共事業を減らして社会保障や子育て支援に財源を回そう——は、まさにそれだったのです。民主党政権は結局うまくいきませんでしたが、あの時に示した方向性は悪くなかったと思います。

ただ政府は、人回りの課題については末端の状態まで把握できません。中央からでは各現場の状況に合わせたきめ細かな対応はとうていできません。だから国の単位ではなく、地域の実情に通じている自治体、さらには地域、コミュニティといった単位で答えを見つけていかなければならないのです。

究極は「個人によってニーズが違う」という話になると思います。たとえば、高齢者福祉にしても同じ75歳で寝たきりの人もいれば、元気にマラソンをしている人もいる。教育だってそうです。勉強好きもいれば、スポーツ、音楽で頑張る子もいる。人回りの政策については日本全体の戦略を一律的に考えてもあまり意味がないのです。

これからは地域や個人の事情に合わせたきめ細かな政策が必要になります。「補完性の原則」という行政学の言葉があります。これは任せても大丈夫なことはなるべく当事者や現場に近いところに任せようという考え方です。上位の組織はそれでは足りない時だけ介入する。だから自治会で考えるべきことは自治会で考える。それでダメなら市町村、それでダメなら都道府県、それでダメなら国で考える。政府の役割も日本の未来だとか国家戦略を大上段に構えて打ち出すことよりも、自治体や地域、個人が自分で戦略を立て、行動を変えるように仕向け、そしてそれを支援する役割に転換すべきでしょう。

住民高齢化、インフラ老朽化が同時進行

高度成長期までの「西洋に追いつけ、追いこせ」という時代には、欧米にあって日本にまだない制度や技術を探し、それを取り入れてうまくいきました。中央省庁が学者を集めて研究会をつくる。欧米に調査団を出して、向こうにあるモデルを学んでくる。そして、中央から補助金を出して全国各地に同じ手法を「スタンププロジェクト」で普及・啓蒙す

るという戦略が有効でした。

でも、いまは先が見えない時代。欧米各国も試行錯誤している状況です。もはや海外に絶対的なモデルがない。仮に輸入してもうまくいく保証もない。まして日本は超高齢化が進む課題最先進国です。ますます海外にモデルはありません。

そんな中でどうしたらいいのか。かつてのように政府がよかれと思うモデルをつくって全国一律に押しつけていたら、みんなで失敗するリスクがあります。だから、各地域が地域の実態に合わせた施策を自分で考え試していく。つまり、日本の中で、各地域がお互いに切磋琢磨して競争しながら政策をつくっていったほうが、結果的にはいい制度ができるはずです。そのほうが失敗も減らせます。地域ごとの成功体験を各地で試していくことこそが、変動期を乗り切るベストの戦略だと思います。

大阪で行ってきた維新改革の各種の工夫は、そのわかりやすい先行例になり得ると思います。だから「大阪モデル」と言うのです。「大阪モデル」はコロナ対策の時に出てきた言葉ですが、他の分野でも大阪は現場の実態に合わせた政策を自ら考案し、試しています。

だから「大阪モデル」とは、誤解を恐れずに言えば「全国一律や中央集権をやめる」ということなのです。多くの政策分野で国は、各地域が自由に考えることを促すべきです。そうすれば各地が切磋琢磨し、競争しながら国の官僚が打ち出す政策よりも現実味のある政策がつくれます。よその成功・失敗を見ながら各地がそれぞれ政策を改良していく。すると結果的に各地域のニーズに合った政策が展開できる。そして国全体の政策レベルも上がるのです。

たとえば、政府の成長戦略である「アベノミクス」はマクロ経済政策としては正しいと思います。けれども地方の産業育成や活性化はどうでしょう。各地域が中央省庁の示す全国標準のメニューに沿ってやっていくだけでは、将来の域内産業の成長や住民の暮らしの豊かさは見えてきません。

地域経営の専門家たちは「グローバリゼーションとローカリゼーションは同時に進む」と言います。インターネットによって情報だけでなく、モノもカネもグローバルに動いている。ヒトもグローバルに行き来している。しかし個人の暮らしや教育、福祉などは相変わらず、いやますますローカルな特色を求める。たとえば、社会的孤独の問題は家族や友だち、近所で声をかけ合って癒していくしかない。人々の幸福は、身近な環境においてそういうものが充実しているかどうかで決まる。グローバルには何でもどんどん効率的になる。一方で日々の暮らしは、逆にローカルでハイタッチ（心の触れ合い）なものが十分にないとバランスが取れなくなるのです。

日本人は、島国であることや言語が日本語であることが影響し、何事につけても「日本はどうこう」と国単位で考えがちです。しかしこれからは何事につけてもそれぞれの地域――たとえば、江戸時代の260超の藩の単位――で「うちの街の特徴・特性は何か」を考えていく必要があるのではないでしょうか。

たとえば、地域によっては「クルマ社会」を見直してみるのも一案だと思います。戦後のわが国は自動車産業に依存してきた。そのせいもあって、政府も全国一律に道路をつくってきた。その結果、どこの街にもロードサイドにお店ができて、商店街が衰退した。クルマ社会化が中心市街地の空洞化を招き、各地の文化資源や歴史、そして楽しさがどんどん消えてきた。その結果、企業も人も東京に流出してしまう悪循環につながっている可能性があります。

一方、ヨーロッパでは、日本とは逆に都心部から車を排除し、昔からある商店街などを残して歩ける街づくりをしています。そして地域内での「時間消費」を伸ばし、地元のお金が地元で回るようにしています。

どの地域でも、年齢が上の人ほど資産を持っています。お年寄りに楽しくお金を使ってもらう街をつくることで、地域の経済はより潤沢に回るはずです。車に依存しない楽しい街づくりをすると、高齢化の時代でも地方都市で個人消費が伸びると思うのです。

お年寄りは将来が不安でお金をため込んでいます。その資金は金融機関経由でグローバルにぐるぐる回っています。一方で、若者はクルマとスマホにお金を費やし、電子サイトやロードサイドの東京資本の店でモノを買っています。その結果、地元の経済はどんどんさびれてきます。こうしたバランスの崩れた状態を改善していく。そのために、たとえば全国一律のクルマ社会化を見直してみるのです。

地域を基軸に暮らし、社会、制度を見直す時代

わが国の人口が増えない大きな原因の一つには、若者が地方から東京に「出稼ぎ」に来てしまっていることが挙げられます。東京は子どもを育てにくい環境です。都道府県別の合計特殊出生率（2019年）を見ると明らかで、全国平均1・36と比べても東京は1・15と圧倒的に低い。トップスリーは沖縄県1・82、宮崎県1・73、島根県1・68と、田舎

のほうが子どもは育てやすいのです。

ただし、所得は東京のほうが圧倒的に高い。東京の一人当たりの年収は約535万円。それに対して沖縄県227万円、宮崎県241万円、島根県262万円（それぞれ県民経済計算最新値、2016年）というぐあいです。だから、東京にはお金を求めて地方から若者たちがどんどん集まってきます。けれども、東京では子どもは育てにくい。その結果、日本全体の人口は減り続ける。そして地方は、ますます超高齢化社会になるわけです。

地方の若者たちが地元でお金を稼げるようになれば、一時は東京に出てきても、いずれは地元に戻ります。少子化にも歯止めがかけられるはずです。

こうした意味でも、地域を自立させる街づくりを真剣に考えるべきだと思います。インバウンド観光や、地元の野菜やお肉を東京や外国に売ることも大事でしょう。しかし、日本の地方都市は人口もそれなりに多いし、域内GDPもそれなりに大きい。だから基本は、地域の中の内需の掘り起こしでかなりやっていけるはずです。

そう考えると脱クルマ戦略——お年寄りが歩いて楽しく暮らせる街づくり——は、高齢化対策であると同時に、若者が働ける場を増やすことにもつながり、少子化対策にもなるのです。

ちなみに、よく「東京一極集中」と言われますが、ローカルで見ると、たとえば、九州は福岡一極集中です。九州各県や沖縄県から福岡市に人が集まっています。さらに各県、たとえば熊本県の中では、県内の中心地の熊本市に他の市町村から若者たちが集まります。つまり、全国どこでも相対的に中心となる都市に人が集まっているのです。

世界的に都市、特に大都市に人口が集中するのはある程度、必然です。しかし、ヨーロッパのように地方の豊かな暮らしを保つ政策がある程度成功している場所もあります。そんな事例にならって、まず各地の人々が自分たちの地域の特徴や将来のあり方をじっくり考えることが大切でしょう。

大阪維新の会は「大阪には課題が多い」という厳しい自己認識から出発し、「大阪の優位性は何か」を必死に考えました。そして、いまも改革を進めています。

各地域も大阪のように、それぞれ独自の地域戦略を考える。国の方針や補助金をあてにせず、それぞれがまず実行する。そのたくさんの事例の集合体が、結局は日本全体の国家戦略になるのではないでしょうか。

その意味では、ここで紹介した脱クルマ化、コンパクトシティ化というアイデアも、それでどの地域もうまくいくという話ではありません。

ただ、これまで当たり前とされてきた全国一律の振興策はいったん忘れてみる。まずは自分たちで考え直してみるべきです。

国家戦略とは別に「大都市戦略」が必要

ここで言う大都市というのは東京はもちろん、大阪市、横浜市、名古屋市、神戸市、京都市、札幌市、福岡市などグローバル競争にさらされる大都市のことです。こうした大都市は、世界を見据えた独自の「都市戦略」を考える必要があります。

人口150万人を超えるような大都市には、特有の課題があります。たとえば、貧困家庭の教育問題です。放っておいたら世代を超えての「貧困の再生産」と言われる状態に陥り、学力低下や児童虐待などの温床になります。

大都市は豊かなようでいて域内に地域格差があります。資産を持つファミリーとそうでない層の差も大きいのです。

また、大都市全体が経済の海の上に漂う小舟のようなはかなさがある。景気がいいと繁栄しているように見えますが、景気が悪くなると、とたんに財政赤字になってインフラのメンテナンスさえできなくなります。疫病や災害にも弱い。そういう意味では、防災や公衆衛生、インフラづくりなど常にリスクを意識した投資や資金の貯えが必要です。

大都市とは、いわばジェットコースターみたいなもので、上がったり沈んだりが大きい。国よりも早く変化に対応しなければなりません。国家のマネジメントはもっとゆっくりしています。農村や田園地帯の懐《ふところ》に抱かれ、奥が深い。急に豊かにはならないけれども、急に貧しくもなりません。

つまり、国と大都市ではマネジメントのスピード感がぜんぜん違います。産業にたとえると、農業とハイテクくらい違います。国家は春夏秋冬、5カ年計画で回せます。しかし、大都市は日進月歩でやっていかなければならないのです。

大都市が国家戦略のスピードに合わせて政策を打っていると、必ず後手に回ります。一連のコロナ対策でもそうでした。国の政策を待たずに、大阪府、東京都、愛知県はいち早く動きました。なかなか決まらない政府方針を待っていたら、取り返しのつかないことになるのが目に見えていたからです。

大都市はリスクもリターンも大きい。だからこそ、いわゆるアジリティ（機敏さ）、スピード感が非常に大事なのです。大阪維新の会が国から地方、特に大都市自治体への「権限委譲」を強く訴える理由は、まさにこれなのです。

国政は、地方出身の議員のほうが多くなっています。一票の格差が指摘されていますが、現在の選挙区で行われる民主主義である以上、その構造は変わりません。だから、都会から税金を吸い上げて地方にばらまくという田舎振興の政策になりがちです。

「都会は豊かだから自分でお金を稼いで勝手にやればいい。貧しい田舎には仕送りをしなくちゃいけない」という考え方があります。確かに右肩上がりの時代には、大都会は放っておいても成長しました。

しかし、これからはむしろ逆だと思います。日本中で高齢化が進むし、労働力も足りなくなる。インフラも老朽化していく。そういう右肩下がりの時代には、田舎よりも大都市で深刻な課題が噴出するわけです。

大都市は、よくなる時も早いし、悪くなる時も早い。国のまったりした政策に合わせていたら、救済できない人たちが出てきます。だからこそ、国から権限と財源を委譲してもらいたいのです。

各地域・都市が独自のビジネスモデルを考え、最適な自治制度を作り直す

この本では、大阪府と大阪市の対立について述べてきましたが、その上には、じつは「国」対「大阪府市」という対立があります。

たとえば、自治体を管轄する総務省は「大阪都構想」に関して、当初はあまり関心がなく、制度改革の案も積極的に考えてくれませんでした。市町村合併についての知見は豊かですが、大都市戦略についてはそもそもあまり知見がなかったのです。大阪市に中央官僚が出向していなかったということもあったでしょう。総務省は長年、政令指定都市制度は単に維持するというスタンスでした。大阪維新の会が国政に積極的に働きかけて「法律を改正してくれ」と強く政治的にプッシュし、ようやく動いたという感じです。

大都市構想を実現するための手続法である大都市地域特別区設置法も総務省が起案する閣法ではなく、民主党・自民党・公明党・みんなの党などによる議員立法で可決されました。

税金の問題もあります。国は大阪から国税をたくさん取っているけれども、大阪にはその一部しか還元されません。ふるさと納税にしても、大阪に残るはずの住民税が地方に流出します。とにかく税や財源の分配をめぐって国があれこれ差配し、それに振り回される

のは困ります。地元で上がった税収はなるべく地元で使わせてもらいたい。そのほうが民主的だし、責任を持った使われ方になるはずです。

大都市が地方を財政的に支援することは必要です。しかし、国が差配しなくてもよいはずです。連邦制のドイツでは、各連邦州の豊かな地域が基金にお金を出し合って、それを運用して再分配に回しています。これが本来の地方自治の姿だと思います。

一方、いまの日本では、国のさじ加減一つで財源が地方に行ったり行かなかったりします。政治的な要素もからんで都市と地方の間の富の再分配が決まるわけです。そういう構造はおかしいと思います。

これは地方自治に関わる本質的な問題だと思います。

もともと国会の議席バランスは地方偏重のバイアスがかかっています。そのせいか都市の政策についても国が口出しし、地方のスピードに合わせさせます。その結果、日本の大都市は世界の大都市に一歩も二歩も遅れます。東京でさえ、シンガポールに負けてしまう。

一方、都市国家のシンガポールはもとより、アラブ首長国連邦のドバイ、エストニアの首都タリンなどの小国では、都市の成長戦略に寄り添うかたちで規制を含む国の政策がつくられています。お隣の韓国もソウルの都市戦略を大事にしています。

他方、アメリカは連邦制国家なので各州に権限が委譲され、各州が「自由競争」で都市政策を行っています。シリコンバレーはもとよりポートランド、ボストンといった大都市がアメリカ全体を牽引しています。ドイツも同じです。ミュンヘン、ベルリン、フランクフルトなど各州に強い都市があり、特徴を出しつつ国全体を支えている。しかし、わが国は小国型でも連邦型でもない。いわばガチガチの中央集権国家です。こんな状況ではグローバルな大都市間競争で後れを取るのではないでしょうか。

これからは大都市の成長を考えることが結局は国をトータルで栄えさせることになります。大都市の成長戦略を支えるかたち、国の政策を柔軟化させる方向に日本も早く転換すべきです。そのためにはとにかくガチガチの中央集権と全国一律の制度を変えなければなりません。大阪維新の会が「道州制」を提案しているのも、こうした理由からなのです。

世界を見れば、道州制どころか、もはや「大都市の時代」になりつつあります。たとえば、クリエイティブな人材が楽しく仕事をする都市をつくった国が成長しています。リチャード・フロリダというアメリカの社会学者が「クリエイティブ都市論」を唱えています。これは音楽やグルメ、ＬＧＢＴへの寛容性など、都会ならではのさまざまな文化がある街のほうが、クリエイティブな才能を持った人がたくさん集まる。その結果、新しいデザインやハイテク、R&Dなどが生まれるという理論です。

かつての新産業都市のように、政府が特定の場所にテコ入れをしても決して勢いのある都市はつくれません。国レベルの経済政策の重要性は否定しませんが、今後はむしろ創造都市戦略を考えることがもっと大切になるでしょう。

これからは美術館や劇場、レストラン、スタジアムなどが充実し、住んでも訪問しても楽しい都市に才能を持った人が集まります。そして、そこで新技術やアートなどのイノベーションが生まれます。

思えば、19世紀までは「大帝国の時代」でした。スペインや大英帝国、そしてロシアなど、善し悪しは別として兵士の数と耕作面積の広さが豊かさの象徴だったわけです。そこでは人口も含めて土地をより多く持っている国が優位に立ち、また豊かになりました。耕作地のほか、金や鉄、石油などの資源を入手するためには土地を軍事力で支配する。総じてその面積が大きいと国力につながりました。

その後の20世紀半ばからは「国家戦略の時代」に移ったと言えるでしょう。面積や人口規模の大きさよりも、市場の制度や人材の質、教育や社会制度が充実する国が栄えました。

日本も教育に力を入れて優秀な労働者をたくさん育てました。彼らはまた消費者となって市場を形成しました。こうしてGDPを高めることが国家の戦略、国力の源泉、そして豊かさの源とされました。

しかし、21世紀は国家よりも「大都市の時代」になります。栄えている大都市があるとその周りの地域も栄える。その結果、国全体も栄えるのです。だから勢いのある大都市がどれだけたくさんあるかが国力を決めます。だから大都市戦略が重要なのです。

先進国では国家戦略の時代は終わりつつあります。インフラにしても「列島改造論」のような国土横断的な建設ではなくて、都市の大学、レストラン、劇場など人回りのインフラを整備する。それがひいては国全体の富の源泉になるわけです。

また先に述べたとおり、子育て支援、高齢者介護など人回りの行政サービスは、国全体よりも自治体、地域単位で設計したほうがよい。結局、社会政策も成長戦略も国単位ではなく、都市単位で考えるべき時代なのです。

多様性を求めて

先進国の中で日本だけがGDPが伸びていないことは周知の事実です。何かが不足しているはずですが、その一つが大都市戦略ではないでしょうか。だから、大阪はこの12年間、必死で独自の大都市戦略を行ってきたのです。

その経験を踏まえて、あえて全国の他都市のみなさんに呼びかけたいと思います。もう国家に未来を描く戦略を期待することはやめませんか。それぞれの大都市が自らビジョンを描き、その上でまだ国に求めることがあるとしたら、おそらくその実施のための規制緩和くらいではないでしょうか。

この話を突き詰めると、じつは道州制、中央省庁解体、国会解体というところまで行き着くかもしれません。しかし、それこそが国レベルでの維新(日本維新)、構造改革なのです。

中央集権の打破に加えてもう一つ重要なのは、大都市にしろ郡部にしろ、地域の特性に合わせた多様性を大事にすることです。特に福祉や教育については、市町村あるいはもっときめ細かな地区、コミュニティ単位で考えるべきです。先に述べたとおり、これらの分野には対人サービスが多い。ますます地域性とレスポンスの速さが求められます。だからいっそう、市町村という基礎自治体やコミュニティのレベルで議論すべきだと思います。

制度ものによりますが、全国一律ではなく一国多制度にしていく。その意味でも、脱中央集権が求められています。

ちなみに、これはICTの世界で起きている「エッジ化」(端末の近くにサーバを分散配置するエッジコンピューティング)や「クラサバ化」(ネットワークを通じて役割分担するクライアント・サーバシステム)といった変化に似ています。変動期には巨大なシステムよりも分散処理のシステムのほうが強い。行政サービスの提供や統治にも同じことが当てはまります。

会社や学校でも現場に任せる時代です。コンピュータと情報ネットワークの力で、ますます「個人」が強くなっています。だから現場の人々が自立的に考えると生産性が上がります。ピラミッド型の官僚的な組織の大企業よりも、現場にどんどん任せる分散処理型のベンチャー企業のほうが伸びるゆえんです。

いまの日本の中央集権システムは、19世紀後半のビスマルクの軍隊型統治モデルの名残です。大きいシステムは官僚的になり、身動きが取れなくなります。大きいことが弱みになる時代です。日本もこのまま中央集権を続けていると、変化に対応できずに滅んでしまうかもしれません。だから社会課題の解決を何でも国に期待するというのは悪弊なのです。「道州制」も本気で議論したほうがいい。もちろん道州といっても、単に都道府県を合併させたのでは意味がない。道州の中核となる大都市の周りに他の地域がネットワーキングしているというイメージです。アメリカやドイツが強いのは、各州に強い大都市がたくさんあるからであって、単に連邦制だからではありません。

大阪から日本は変わる

日本がこれからも平和で豊かで持続可能な国であり続けるためには、明治時代につくられた国と地方の統治機構を見直す必要があります。大阪都構想はその皮切り、初めの一歩なのです。そういう意味では、都構想の次には道州制など都道府県の枠を超えた統治の枠組みも考える必要が出てくるでしょう。

じつは道州制の先駆けという意味も含んで、これまで関西では「関西広域連合」（滋賀県、京都府、大阪府、兵庫県、奈良県、和歌山県、鳥取県、徳島県、京都市、大阪市、堺市、神戸市）の枠組みでドクターヘリや淀川流域の問題などで、構成自治体が連携してきました。

このほかにも地域政策的にできることはたくさんあります。道州制はこの延長線上に考えていけばよいのです。

　ところで先ほども述べましたが、道州制の本旨は域内府県の合併や統合ではありません。道州制は地域と国の関係の再構築です。すなわち国の法律や権限を道州におろす。財源も委ねる。そして他の道州と競いながら各道州が発展していくことです。

　その上で道州制は、域内各地の多様性をどんどん育てていく。そのことで各地域の魅力を高めていきます。他地域の人から見ると関西は同じように見えるかもしれません。しかし、それぞれ歴史も言葉も違う個性豊かな地域なのです。しかも大都市である京都、神戸、大阪は近いのに驚くほど文化や気質が違います。

　こうした域内の個性は伸ばしつつ、地域全体の活力を高めるのが道州制なのです。

　なお、国との関係においては、大阪については さらに、東京をバックアップする「副首都」の役割があります。たとえば、仮に大震災で東京が壊滅的被害を受けた時には大阪がバックアップする。

　要するに、日本を東京一極ではなく、二極にして強くする。東京に対してどこが他の極になり得るかと言ったら、やはり大阪しかないでしょう。その意味では大阪は関西の中心というだけでなく、東京の副都、そして西日本の首都的な位置づけも担い得ると考えます。

これは日本全体にとってもメリットが大きいのではないでしょうか。大阪都構想に加え副首都構想で二極体制、「東の東京都、西の大阪都」を目指すのです。

大阪都構想は、「自分たちの地域のかたちに合った成長する姿を追求しよう。それを自分たちでつくっていこう」という、地域の自立のための運動です。都構想が実現すると大阪は日本の二極目としての役割も担えるようになるでしょう。同時に福岡や愛知など大都市を有する地域も、どういう体制が自分たちの地域にとって最適か考える。こうしたプロセスを経て、初めて将来の社会や日本の姿が見えてくるのです。

要するに各地域は全国一律の国の方針を待たずに、自分たちの地域の特性に合った発展のかたちを、自分たちで追求したほうがいいのです。

地方制度にしても、どういうものにしたら地域がもっと発展するか、それぞれのエリアが考え国に提案する。制度改正にもトライする。そういう地域発の努力をすれば日本全体も発展します。

本書の著者の吉村・松井・上山は、限界に来ているこの国のかたちを変える作業の出発点としても「大阪都構想」をとらえています。これを起点に、これを突破口として、全国各地が自分たちの地域の可能性を見つめ直し、そして政策を変えていく。いまの世の中と地域の実態に合わせて全国一律の政令指定都市制度なども見直す。こうした地域からのうねりが唯一、日本の未来を切り拓いてくれるのです。

おわりに——維新改革は徹底的な現場主義

上山信一

私は経営コンサルタントです。民間企業の戦略、M&A、組織改革のほか、行政に企業経営の考え方を導入する「行政経営」が専門です。今まで100を超える企業や官庁、国際機関など、官民様々な分野の改革にかかわってきました(ただし大学教員でもあり、公的機関の改革には顧問や委員として既定の報酬で参加)。

大阪の維新改革との実質的な出会いは2005年に遡ります。当時、私は大平光代氏(当時大阪市助役)に請われ、市バス、地下鉄、学校給食など様々な事業の分析に携わっていました。ある日、自民党府議会議員の浅田均さん(現日本維新の会参議院議員)から意見交換をしたいと連絡をいただきました。会って小一時間で「大阪府と大阪市は統合すべき」と意気投合し、また「大阪の改革には地域政党が必要」という理論にも納得しました。やがて松井一郎さんにも会い、何とかして大阪府を変えたいというお二人の熱意に圧倒されました。

それから3年後の2008年2月8日、NHKテレビの生放送のスタジオで知事に当選した直後の橋下徹氏と初めて話をしました。橋下さんは「収入の範囲内で予算は使うべし」と力説。番組中ですっかり意気投合し、数日後から大阪府の特別顧問として橋下改革に参加しました。それから3年、関西空港の再生、泉北高速鉄道の民営化、槇尾川ダムの建設中止など数えきれないくらいの課題に取り組みました（詳細は『検証 大阪維新改革 橋下改革の軌跡』（ぎょうせい）参照）。やがて橋下さんは大阪市長になります。それで私は大阪市の特別顧問も兼務することになり、地下鉄民営化、病院独法化などに取り組みました。

吉村洋文さんとの出会いは2011年の春でした。まだ新人の市会議員（大阪市）でしたが、ものすごい勉強家でした。2015年の夏以後は橋下さんもいなくなり大変な時期でした。しかし、大学や大阪産業局の統合など「バーチャル大阪都」のもとでできることがいろいろあって着実な成果が出たと思います。

自治体の経営改革では首長の力量が非常に重要です。加えて大阪の場合は「大阪維新の会」をつくったことが大きいと思います。「大阪維新の会」は日本では珍しい「改革ベンチャー政党」です。大阪市と大阪府を統合する「都構想」を目標に掲げ、政策では現役世代の支援や既得権益の打破を訴えています。ベンチャー政党ですが大阪では与党です。府知事のほか大阪市長、堺市長をはじめ全市町村の約3分の1に市長や町長を出しています。だから現場の実務経験に基づいて新型コロナ対策から教育、福祉、スマートシティ戦略まで地に足がついていて、かつ斬新な政策が打ち出せるのでしょう。この点で「大阪維新の会」は批判政党といわれる既存の野党とも各種団体に支援される自民党とも異なる新しいタイプの政党といえるでしょう。

私は元霞が関の官僚です。元々鉄道マニアだったのと公共に奉仕する仕事に惹かれ、旧運輸省に入りました。しかし、中央官庁の仕事のやり方や物事の決め方にしだいに疑問を持ち、外資系のコンサルティング会社（マッキンゼー）に転職しました。でも人生は不思議なものです。大阪ではこれまで空港、鉄道、ダムなどの改革に携わり、最近も、大阪の泉北ニュータウンなどを舞台とする団地再生やスマートシティ戦略を国土交通省の官僚たちと議論しています。

大阪の維新改革は、徹底的な現場主義です。まず住民の実態を知る、保健師など現場のプロの話を聞く。そして数字を見ながら経営の考え方も使って政策を組み立てます。まさに「行政経営」なのです。そしてその経験に基づいて、医療、教育、福祉など様々な分野で、大阪から新しい政策が次々に提案されています。「大阪モデル」の探求は新型コロナ対策だけではないのです。本書はそんな維新改革の実像をお伝えすべく執筆しました。

本書は、吉村氏と松井氏へのヒアリングや対談、あるいは私と朝日新書編集長の宇都宮健太朗氏を交えた4人の対談をもとに同編集部の高橋和彦氏が草稿を準備し、上山が加筆・執筆しました。また、浅田均氏には維新改革の初期のお話や大阪維新の会や日本維新の会の政策を伺いました。また紀田馨氏（府議会議員）に編集協力いただきました。その他、様々な方に取材や資料提供等でお世話になりました。ここに改めて御礼を申し上げます。

最後になりましたが、本書はわれわれ3名の著者から故堺屋太一先生に捧げたいと思います。堺屋先生は維新改革の当初からご助言をいただき、「大阪は炭鉱のカナリアと同じ。日本が悪くなる時も良くなる時も大阪が一番先だよ」と予言されていました。最近、〝大阪のカナリア〟は元気を取り戻してきました。しばらくはコロナ禍が心配ですが、2025年には堺屋先生のご提案から始まった史上2回目の大阪万博と、もし今秋の住民投票で認められた暁には大阪都構想が実現します。今後の大阪の飛躍にますます期待します。そしてまた本書が少しでも各地で改革に取り組まれる方々のヒントになれば幸いです。

2020年8月15日　大阪・豊中市の実家にて

吉村洋文 よしむら・ひろふみ
1975年大阪府河内長野市生まれ。大阪府知事。九州大学法学部卒業、2000年弁護士登録。11年大阪市議会議員、14年衆議院議員、15年大阪市長を経て、19年現職。大阪維新の会代表代行、日本維新の会副代表。

松井一郎 まつい・いちろう
1964年大阪府八尾市生まれ。大阪市長。福岡工業大学卒業、(株)きんでん勤務。2003年大阪府議会議員、11年大阪府知事を経て、19年現職。大阪維新の会代表、日本維新の会代表、(株)大通元代表取締役。

上山信一 うえやま・しんいち
1957年大阪市生まれ。慶應義塾大学総合政策学部教授。京都大学法学部、プリンストン大学大学院（公共経営学修士）卒業。旧運輸省、マッキンゼー（パートナー）等を経て、現職。大阪府市特別顧問、愛知県政策顧問、元東京都顧問。

編集協力／紀田　馨 きだ・かおる
1975年大阪府堺市生まれ。大阪府議会議員。98年大阪大学卒業、2000年大阪大学大学院博士前期課程修了。同年特許庁採用。11年弁理士登録。

朝日新書
785

大阪《おおさか》から日本《にほん》は変《か》わる

中央集権打破への突破口

2020年9月30日第1刷発行

著　者　吉村洋文
松井一郎
上山信一

発行者　三宮博信
カバーデザイン　アンスガー・フォルマー　田嶋佳子
印刷所　凸版印刷株式会社
発行所　朝日新聞出版
〒104-8011　東京都中央区築地5-3-2
電話　03-5541-8832（編集）
03-5540-7793（販売）

ISBN 978-4-02-295091-8
定価はカバーに表示してあります。

落丁・乱丁の場合は弊社業務部(電話03-5540-7800)へご連絡ください。
送料弊社負担にてお取り替えいたします。

朝日新書

たのしい知識
ぼくらの天皇(憲法)・汝の隣人・コロナの時代

高橋源一郎

きちんと考え、きちんと生きるために——。明仁天皇のビデオメッセージと憲法9条の秘密、韓国・朝鮮への旅、宗主国と植民地の小説。ウイルスの歴史を、カミュ、スペイン風邪に遡り、たどりつく終焉、忘却、記憶、ことば。これは生きのびるための「教科書」だ。

コロナと生きる

内田 樹
岩田健太郎

人と「ずれる」ことこそ、これからのイノベーティブな生き方だ! 「コロナウイルスは現代社会の弱点を突く〝21世紀の鬼っ子〟」という著者ふたりが、強まる一方の同調圧力や評価主義から逃れてゆたかに生きる術を説く。災厄を奇貨として自分を見つめ直すサバイバル指南書。

キリギリスの年金
統計が示す私たちの現実

明石順平

アリのように働いても、老後を公的年金だけで過ごすことは絶対不可能。円安インフレ、低賃金・長時間労働、人口減少……複合的な要素が絡み合う「年金制度」の未来とは。さらに、コロナ禍でますます悪化する日本財政の末路を豊富なデータをもとに徹底検証。

大阪から日本は変わる
中央集権打破への突破口

吉村洋文
松井一郎
上山信一

停滞と衰退の象徴だった大阪はなぜ蘇ったか。経済や生活指標の大幅改善、幼稚園から高校までの教育無償化、地下鉄民営化などの改革はいかに実現したか。「大阪モデル」をはじめ、新型コロナで国に先行して実効性ある施策を打てた理由は。10年余の改革を総括する。